Claire Frèches, conservateur en chef au musée d'Orsay, a participé à la conception du musée depuis ses origines. Coauteur de plusieurs ouvrages sur les peintures du musée d'Orsay, elle a été commissaire des expositions Capiello (1981), Gauguin (1988), et Toulouse-Lautrec (1991). Elle est l'auteur, avec Antoine Terrasse, du livre *Les Nabis* (1990).

Originaire du Sud-Ouest, José Frèches a été conservateur des musées nationaux de 1971 à 1975. Il est directeur général d'un groupe industriel, et depuis 1987, membre du conseil artistique de la Réunion des musées nationaux.

1ᵉʳ dépôt légal : novembre 1991
Dépôt légal : mars 1992
Numéro d'édition : 55918
ISBN : 2-07-053178-3
Imprimerie Kapp Lahure Jombart à Évreux

TOULOUSE-LAUTREC
LES LUMIÈRES DE LA NUIT

Claire et José Frèches

DÉCOUVERTES GALLIMARD
RÉUNION DES MUSÉES NATIONAUX
PEINTURE

" Quand je vous aurai dit que sa nature était si fragile qu'il eut, à un an de distance, la fracture du fémur gauche puis du droit, pour des chutes insignifiantes», écrit le comte Alphonse, père d'Henri. Ces accidents marqueront l'enfance et la formation d'Henri de Toulouse-Lautrec, rejeton d'une famille de la noblesse occitane, très tôt attiré par le dessin et la peinture.

CHAPITRE PREMIER
LE DESSINATEUR DES «CAHIERS DE ZIGZAGS»

Dilettante, excentrique, féru de chasse et de faucons, tel était le comte Alphonse de Toulouse-Lautrec. Si Henri, l'enfant aux os trop faibles, en subit l'influence, en partagea certaines passions, jamais nulle connivence ne réussit à s'établir entre le père et le fils.

A l'ombre de la cathédrale Sainte-Cécile d'Albi

C'est dans l'élégant hôtel familial du Bosc, à quelques pas de l'immense cathédrale de brique rouge, que naquit, le 24 novembre 1864, Henri Marie Raymond de Toulouse-Lautrec-Monfa, fils du comte Alphonse de Toulouse-Lautrec-Monfa et de la comtesse Adèle, née Tapié de Céleyran. Ils sont cousins germains. Les Lautrec et les Tapié ont été unis à de nombreuses reprises, et cette suite de mariages consanguins ne serait pas pour rien, selon certaines hypothèses

L'hôtel du Bosc, rue de l'Ecole-Mage, est l'une des plus vieilles demeures d'Albi. Niché dans les anciens remparts de la ville et flanqué de deux tours, il avait été aménagé par Pierre du Bosc dès le XVIIᵉ siècle. Il servait de résidence aux demoiselles Imbert du Bosc, les tantes de la comtesse Adèle, lorsque celle-ci vint s'y installer pour préparer tranquillement la naissance de son fils. Henri y «vit le jour» par une nuit d'orage, en novembre 1864.

médicales, dans l'infirmité d'Henri, garçon chétif et maladif dès la naissance. Il descend en ligne directe des fameux comtes de Toulouse qui dominèrent la région albigeoise de l'an 750 jusqu'en 1271. L'un de ses aïeux, le comte Baudouin, avait épousé en 1196 Alix, vicomtesse de Lautrec et héritière des seigneuries de Monfa. Depuis cette époque, Lautrec et Monfa se sont ajoutés au nom patronymique de Toulouse.

Issu d'un milieu familial très favorisé où l'on pratique l'oisiveté et la chasse, Henri, dès son plus jeune âge, va souffrir de son handicap physique. Son père Alphonse, avec lequel il n'entretiendra qu'une relation étrange et très espacée, faite d'incompréhension mutuelle, est un original passionné de chasse et de fauconnerie. Lors de ses

Cousin et cousine, le père et la mère ne se ressemblent en rien. «Où se trouve papa, on est sûr de ne pas être le plus remarquable.» Alphonse, ancien officier de dragons, adore le cirque, les cerfs-volants et les déguisements. Adèle est discrète, cultivée et portée sur la religion. «Une sainte femme», dira Henri, «mais elle n'a pas su résister au pantalon rouge de la cavalerie!»

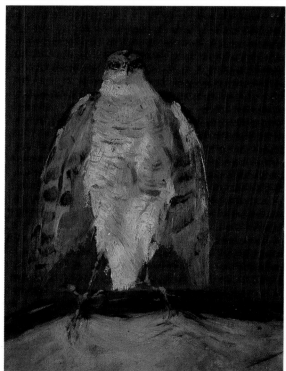

Adolescent malingre, Henri fait preuve très tôt d'un fort joli coup de crayon. Ses premiers sujets d'inspiration reprennent fidèlement les passions paternelles : les chiens, les chevaux, seuls ou en attelage, et les faucons. C'est avec une étonnante maîtrise de la peinture à l'huile que, tout jeune encore, il anime d'une hautaine cruauté ce faucon pèlerin, volatile emblématique, dont le comte Alphonse fut l'un des derniers fervents.

séjours à Paris, cet aristocrate solitaire et fantasque vit dans un atelier et pratique un peu la sculpture et le dessin. En 1876, il offre à son fils Henri, alors âgé de douze ans, un petit manuel de fauconnerie qu'il lui dédicacera en ces termes :

«Rappelle-toi, mon fils, que la vie au grand air et au grand jour est la seule saine, tout ce qui est privé de liberté se dénature et meurt rapidement. [...] Ce petit livre de fauconnerie t'apprendra à apprécier la vie des champs spacieux et, si tu connais un jour les amertumes de la vie, le cheval en première ligne, puis le chien et le faucon pourront t'être des compagnons précieux, faisant oublier un peu.»

Profil d'Henri enfant, croqué par son père, qui était, à ses heures, peintre et dessinateur.

Bien qu'amoureux de la nature, Lautrec ne peignit des paysages que dans les premières années de sa jeunesse, ne leur conférant plus, par la suite, qu'un rôle d'«accessoire». La *Fenêtre sur le jardin du château de Céleyran*, propriété où la famille passait la belle saison, est encore fortement marquée par la manière des impressionnistes.

La fracture

Ce culte du sport et de la chasse, de l'équitation et de la vie en plein air ne pourra jamais être pratiqué par Henri, qui se fracture le fémur gauche en tombant d'une chaise dans un salon de l'hôtel familial du Bosc, le 30 mai 1878. Il a quatorze ans mais en paraît dix.

Désormais, c'est un infirme aux jambes atrophiées, peu à peu rejeté par son père. Il va passer le reste de son enfance entre les propriétés de famille (le Bosc à Albi et le château de Céleyran en Languedoc) et les stations thermales d'Amélie-les-Bains, de Lamalou ou de Barèges (où il se casse le fémur droit pendant l'été 1879).

Adèle Tapié de Céleyran, attentive, a compris très tôt que son fils serait peintre. C'est une femme réservée, cultivée (elle a appris le latin et le grec), que la vocation d'Henri inquiète, ce qui ne l'empêchera

Extrait des *Cahiers de Zigzags*, le croquis de Lautrec représente son père. Il est daté «Nice 1880», et a sans doute servi de base au tableau intitulé *Alphonse de Toulouse-Lautrec conduisant son mail-coach*. L'inscription «Souvenir de la promenade des Anglais» que porte ce dernier le laisse penser, alors que les buissons de l'arrière-plan et le mouvement des quatre chevaux soulevant un nuage de poussière évoquent plutôt une folle course dans la campagne. Lautrec disait avoir animé cette œuvre «par la couleur des scènes dont [il n'était] plus que le spectateur immobile».

Plusieurs hypothèses scientifiques ont circulé au sujet des anomalies physiques dont Lautrec était affecté. Certains ont parlé de nanisme achondroplasique, en raison de l'atrophie des membres inférieurs; d'autres d'ostéoporose, ou de tumeur de la glande thyroïde. La coxalgie (tuberculose osseuse du col du fémur) fut également évoquée. Les divers diagnostics aboutissant tous à la même et floue conclusion : l'extrême fragilité du système osseux du peintre ne fut probablement que la conséquence d'un mal difficile à identifier, si ce n'est par des facteurs héréditaires. Les nombreux mariages consanguins de ses ascendants n'y seraient pas étrangers.

L autrec avait toujours souffert des jambes. En mars 1877 déjà il écrivait à sa grand-mère paternelle : «Je suis plus libre ces jours-ci parce que Maman m'a retiré de chez mon professeur pour me faire suivre le traitement de la brosse électrique qui a jadis guéri mon oncle Charles. Je suis bien ennuyé d'être boiteux du pied gauche maintenant que le droit est guéri.» Puis vinrent les accidents, que jamais Lautrec n'eut l'idée de mettre sur le compte d'autre chose que de sa propre maladresse.

«Je suis tombé de sur une chaise basse par terre, écrit-il le 30 mai 1878 à son camarade Charles Castelbon, et je me suis cassé la cuisse gauche.»

«La seconde fracture, écrivit son père, fut due à une chute guère beaucoup plus forte, alors qu'il se promenait avec sa mère; il roula dans le lit d'une ravine sèche pas plus profonde qu'un mètre ou un mètre cinquante.»

H enri, à l'époque où survint le deuxième accident. Croquis qu'il fit du chirurgien qui réduisit sa fracture. Autoportrait dessinant dans son lit. Et, ci-contre, *Henri de Toulouse-Lautrec à dix-sept ans*, portrait par Princeteau.

pas de la favoriser en l'aidant financièrement tout au long de son existence.

Henri restera toujours très proche de sa mère, entretenant avec elle une longue correspondance qui témoigne d'une connivence et d'une complicité étroites. L'un de ses premiers tableaux importants, probablement de 1881, représente d'ailleurs la comtesse Adèle de Toulouse-Lautrec, assise dans une salle à manger devant une tasse de thé. Lautrec utilise là déjà une

palette de couleurs très claires, qu'il appose sur la toile par des touches vibrantes, à la manière d'un Manet ou d'une Berthe Morisot. Il n'a pourtant encore appris à peindre nulle part.

La vocation précoce

Dès son plus jeune âge, Henri dessine. Il noircit de petits cahiers d'écolier tels les *Cahiers de zigzags dédié à une cousine, Madeleine Tapié, dans le but louable de la distraire un peu des leçons de M. Vergnettes* (Nice, 1881), ou croque les vingt-trois dessins à la plume de *Cocotte* qui ont monsieur le curé pour sujet, et où, déjà, le caricaturiste transparaît. Ici c'est une historiette illustrée, là des pochades représentant des scènes de la vie d'un établissement thermal où son infirmité le contraint à passer une large partie de son temps.

Après avoir été recalé une première fois à Paris au baccalauréat (printemps 1881), il est reçu, en novembre, à Toulouse, à cet examen. Sitôt après, il remonte à Paris pour montrer ses dessins à René Princeteau, un peintre de scènes de genre et de chevaux, sourd-muet, ami du comte Alphonse.

Henri griffonne sans cesse sur ses cahiers d'écolier. En 1881, il illustre le manuscrit de son ami Etienne Devismes, *Cocotte*, retraçant par des dessins pleins d'humour la triste vie d'un cheval de dragon devenu cheval de curé.

Princeteau travaillait alors dans un atelier au 233 de la rue du Faubourg-Saint-Honoré, où l'on pouvait rencontrer des peintres spécialistes des champs de course et des vues du bois de Boulogne, comme John Lewis Brown ou Forain. Malgré les réticences de son père, et avec l'appui de Charles, le frère de celui-ci, Lautrec a décidé de suivre sa vocation artistique. Princeteau présente le jeune homme au peintre Léon Bonnat, dans l'atelier duquel il entre

« À quatorze ans, en 1878, il copia mes études et fit un portrait de moi, à me faire frémir.» Ainsi Princeteau, peintre animalier bordelais, parle-t-il de celui qu'il appelait son «nourrisson d'atelier». En 1881, Henri se rend chez lui tous les matins pour étudier la peinture.

Rien ne devait jamais briser le lien quasi quotidien de la mère et du fils : ils s'écrivaient quand ils ne pouvaient se voir. Ce portrait de la comtesse Adèle, au hiératisme déjà cézannien, laisse filtrer la tristesse de cette femme vertueuse qui, séparée de son mari et affectée par la mort de son second enfant, avait reporté tous ses espoirs sur Henri. Les yeux sont baissés et, dans une harmonie de tons pastel, le blanc nacré du corsage éclaire et presque estompe le reste du tableau.

au mois de mars 1882 pour apprendre à peindre et à dessiner, selon le cursus normal de tout artiste apprenti de l'époque.

Chez Bonnat puis chez Cormon

Avec ceux de Gérôme et de Gustave Moreau, l'atelier Bonnat était l'un des plus cotés de ces ateliers de

peinture où des maîtres couverts d'honneur et de gloire enseignaient à des élèves qui rêvaient d'obtenir la médaille d'or du Salon ou le Grand Prix de Rome. Lautrec aurait souhaité travailler chez le portraitiste Carolus-Duran, mais Princeteau l'avait orienté de préférence

vers le vieux maître fêté et décoré par la République, archétype de tout ce qu'il détestera plus tard, celui-là même qui fera tout pour empêcher la peinture de Lautrec d'entrer dans les collections nationales après sa mort… Bonnat n'épargne pas les critiques, lui qui déclare à son jeune élève : «Votre peinture n'est pas mal, c'est du chic, mais enfin, ça n'est pas mal ; mais votre dessin est tout bonnement atroce.»

A la fin de la même année, Bonnat est nommé professeur à l'Ecole des beaux-arts. Il ferme son atelier, et Henri se replie dans celui ouvert tout exprès au 104, boulevard de Clichy, par Fernand Cormon à la demande de certains élèves de Bonnat. Cormon est alors un peintre d'histoire reconnu, spécialisé dans les scènes bibliques et primitives. Son immense toile *Caïn fuyant avec sa famille* figure déjà en bonne place sur les cimaises du musée du Luxembourg. Dans cet atelier, Lautrec côtoie notamment le jeune Emile Bernard, ainsi qu'un autre artiste toulousain nommé François Gauzi

Lautrec évoque, en septembre 1883 ses «*vachages* au soleil, un pinceau à la main». Le portrait du *Jeune Routy*, employé agricole sur les terres de Céleyran, semble dater de cette époque. Il annonce déjà la lettre à Joyant de 1890 : «Le paysage est et ne doit être qu'un accessoire, le peintre paysagiste pur n'est qu'une brute. Le paysage ne doit servir qu'à faire comprendre le caractère de la figure.»

Fernand Cormon est un passionné de préhistoire et d'antiquité, brillant technicien, bienveillant envers ses élèves et ouvert aux doctrines nouvelles. Lautrec, que l'on reconnaît, assis de profil au premier plan de la photo, derrière le chevalet du maître, a intégré son atelier à la fermeture de celui de Bonnat. Chez Cormon, il s'exerce au dessin académique, discipline dans laquelle il se révèle des plus brillants.

(1861-1933), rencontré chez Bonnat. Ce dernier lui consacrera des pages importantes dans ses mémoires (*Lautrec et son temps*, Paris, 1954) et son témoignage constitue l'une des sources majeures de la biographie du peintre.

Les années 1882-1885 correspondent donc à la maturation du style et à la découverte des techniques picturales d'avant-garde vers lesquelles il se tourne délibérément. Entre les matins passés à l'atelier Cormon, et les après-midi où il court les salons et les expositions, il appréhende peu à peu le fossé qui sépare l'art officiel, celui de Bonnat, Cormon, Gérôme, Laurens et Carolus-Duran, de l'art en mouvement tel que les impressionnistes, déjà, le revendiquent et le pratiquent à partir, notamment, de la première exposition du groupe en 1874 chez Nadar. Lautrec alors a, lui aussi, choisi la modernité.

La parodie du «Bois sacré» de Puvis de Chavannes

Au Salon de 1884, Puvis de Chavannes expose *Le Bois sacré cher aux arts et aux muses*. L'œuvre, immense par ses dimensions (4,60 m x 1 m), fait l'objet de commentaires passionnés.

En deux après-midi, Lautrec exécute une copie revue et corrigée de la toile de Puvis, à la manière des parodies musicales telles qu'on les trouvait à cette époque dans les opéras bouffes d'Offenbach. Il force le trait statique de son modèle et procède – déjà – par larges à-plats de couleur. Il se démarque de l'œuvre originale : les muses de l'Eloquence et de l'Histoire disparaissent, tandis que la muse de la Tragédie est remplacée par *L'Enfant prodigue*, assis face à un chevalet sur lequel on peut voir deux toiles clairement signées Mac Kay et Meissonnier. De-ci de-là, il ajoute des personnages contemporains, lui-même, dans une pose suggestive, et même un Japonais! Déjà Lautrec se montre tel qu'il est : capable de prendre le meilleur de la tradition picturale, mais en l'assortissant d'un humour ravageur qui accroît la distanciation entre l'original et son «adaptation».

«**P**einturlure!», disait Edmond de Goncourt de la *Parodie du Bois sacré*. Lautrec (détail en page de droite) s'y est représenté, de dos, signant ainsi son insolence envers un maître universellement respecté. Ci-dessous *La Grosse Maria* ou *Vénus de Montmartre* (1884).

Entre-temps, Lautrec a emménagé, en compagnie d'un autre élève de l'atelier Cormon, René Grenier, au 19 bis, rue Fontaine, à l'endroit même où Degas possède lui aussi un atelier. Cette proximité géographique explique l'influence que le peintre des danseuses aura sur celui d'Albi, tant par les thèmes abordés (la célèbre *Miss Lola* accrochée par les dents au sommet d'un trapèze du cirque Fernando, ce même cirque où Lautrec dessinera son écuyère) que par la science du cadrage des scènes représentées. On y reconnaît l'apport de la technique des estampes japonaises, avec ces lignes de fuite qui procurent le sens de la profondeur, et les angles particuliers sous lesquels les sujets de premier plan sont abordés : tous procédés dans lesquels Degas excelle et qui sont déjà manifestes chez Lautrec.

Lautrec admire Degas et *L'Orchestre à l'Opéra*, qu'il a découvert chez ses cousins, les Dihau, l'inspire fortement, ce qui fait dire à Degas – non sans une sensible pointe d'irritation : «Il porte mes habits, mais retaillés à sa mesure.»

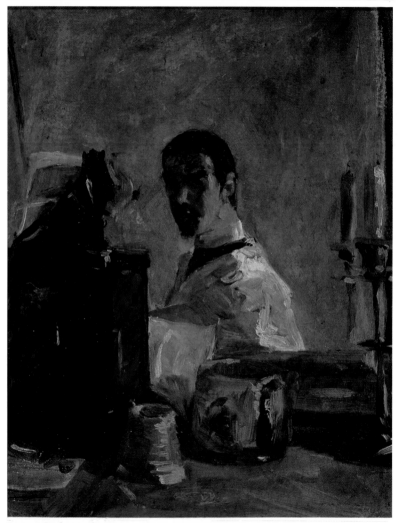

Les amis, la modestie

A cette époque, Lautrec forme un groupe d'amis avec les peintres Henri Rachou, René Grenier, Adolphe Albert, François Gauzi et Louis Anquetin. Il commence à découvrir les plaisirs et les sortilèges

Ceint d'un cor de chasse (page de droite), Lautrec pose en compagnie de ses amis Anquetin et Grenier.

de l'immense creuset social que constitue la capitale et ses quartiers chauds, qui s'étendent des grands boulevards à la butte Montmartre.

Déjà, il fait preuve d'une grande modestie par rapport à son art, qui lui fera poursuivre avec opiniâtreté pendant six ans sa formation auprès de Cormon dont il dira pourtant qu'il était «l'homme le plus laid et le plus maigre de Paris». Prudent, il écrira à sa grand-mère : «Je ne suis pas du tout en train de régénérer l'art français et je me débats contre un malheureux papier qui ne m'a rien fait et sur lequel, croyez-moi, je ne fais rien de bon.»

Cette humilité – ou lucidité désabusée – est la caractéristique essentielle de la démarche de Lautrec qui, à l'inverse de Picasso, ne cherche pas à s'inscrire dans une perspective historique ou esthétique, mais plus simplement à représenter, «au premier degré», la réalité telle qu'il l'appréhende. Mais ce refus de toute approche critique de son œuvre peut aussi être considéré comme une coquetterie suprême, et la marque d'un orgueil immense.

A l'automne 1885, il emménage chez Rachou derrière le cimetière de Montmartre. Il est au cœur du territoire où, désormais, il va peindre et dessiner.

Vers 1883, Lautrec peint son autoportrait, en contre-jour, et dans une verve hispano-hollandaise mise à la mode par la publication, en 1876, des *Maîtres d'autrefois*, d'Eugène Fromentin. L'accumulation d'objets au premier plan – parmi lesquels un sanglier de bronze imité d'un antique du musée des Offices à Florence – accentue la distance entre le modèle et le spectateur. Elle met aussi en évidence l'artifice de la peinture : la présence du miroir, accessoire indispensable de l'autoportrait, est ici presque tangible, tandis que Lautrec ne saisit de lui-même qu'un reflet sombre et fugace.

Plongé dans le milieu montmartrois, le
peintre d'Albi ne tarde pas à fréquenter les
personnages hauts en couleurs de ce bastion
de la Commune de Paris, que l'écrivain Jules
Vallès évoquait en parlant du «rire saignant
de Montmartre». Entre la place Blanche,
Pigalle et la Butte évolue un monde
interlope où Lautrec se sent comme
un poisson dans l'eau.

«Tous les soirs, je vais au bar travailler»

Lautrec fait la connaissance d'un chanteur
compositeur originaire du Gâtinais, un ancien
employé des chemins de fer nommé Aristide

Bruant. Il a ouvert un cabaret, Le Mirliton, en juillet 1885, à l'emplacement du Chat-Noir, un «café chantant» fondé par Rodolphe Salis en 1882. Ce lieu, dont l'enseigne proclame «Au Mirliton, public aimant à se faire engueuler», va fasciner le peintre. Il y découvre avec émotion le spectacle de ces créatures issues de la rue, telles Nini Peau de Chien ou Rosa la Rouge, chantant la gouaille et l'insolence à des bourgeois et des aristocrates ravis de cet encanaillement. Henri puise son inspiration dans cet univers qu'il ne quittera plus.

Le café-concert tenait alors le rôle du cinéma d'aujourd'hui. A Paris, les plus fameuses salles – l'Eldorado, l'Alcazar et la Scala – étaient situées sur le boulevard de Strasbourg. Le succès favorisa l'ouverture de nouvelles salles, près de l'Opéra (l'Eden), de la gare Saint-Lazare (la Pépinière) ou à Montmartre (la Cigale). A côté des grandes salles, une myriade de petits établissements, comme le fameux Chat-Noir, permettaient à des consommateurs d'écouter, pour un prix modique et au milieu d'une indescriptible tabagie, les vedettes du jour poussant des airs où les obscénités alternaient avec les bluettes. Bruant, l'une des stars incontestées du café-concert, servit de modèle à Zola pour son roman *Paris* dans lequel, sous le pseudonyme de Legras, il évoque ce chantre de la littérature naturaliste dont la verdeur de langage faisait frissonner de dégoût Edmond de Goncourt.

Les feux de la rampe

Lautrec ne tarde pas à découvrir les effets de la lumière scénique de cette époque, dont Degas a été le premier à tirer un admirable parti : l'éclairage – très cru – vient de la rampe; issu du bas, il projette vers le haut les ombres des acteurs, tout en accentuant les traits de leur visage au point d'en faire de véritables caricatures. La rampe fait ressortir le geste, la posture; elle détache les silhouettes du chaos obscur

Dès 1885, l'imposante stature d'Aristide Bruant (ici photographié par Nadar) règne sur son fameux cabaret, au 84 du boulevard Rochechouart. «Lorsqu'on entrait au Mirliton, se souvient le peintre Gauzi, on était interpellé, en guise de bienvenue, par cette apostrophe : "Oh! là, là! ç'te gueule, ç'te binette, Oh! là, là! ç'te gueule qu'il a!» C'était une brimade que l'on acceptait en riant.» Gauzi raconte encore comment Lautrec et son ami le peintre Rachou rencontrèrent Carmen Gaudin, «une jeune fille vêtue simplement comme une ouvrière, mais dont la chevelure cuivrée fit s'arrêter Lautrec» qui réalisa d'elle, en 1884, ce premier et saisissant portrait.

du fond de la scène. Lautrec, désormais, accorde toute son attention à l'éclairage de ses personnages, qu'il s'agisse des vedettes du «caf'conc'» ou des portraits peints à cette époque : *Madame Suzanne Valadon, Jeanne Wenz*, ou encore le peintre *Emile Bernard*, rencontré à l'atelier Cormon et qui lui fera connaître le père Tanguy, un collectionneur de toiles de Cézanne, et Van Gogh.

Dès 1886, il aborde les thèmes du café-concert avec *Le Refrain de la chaise Louis XIII au cabaret d'Aristide Bruant* et *Le Quadrille de la chaise Louis XIII à l'Elysée-Montmartre*, qui servira à illustrer la couverture de la revue de Bruant *Le Mirliton* (décembre 1886). Cette publication s'était attachée également la collaboration du peintre et dessinateur suisse *Théodore Steinlen* dont la vision de la rue, plus tragique que celle de Lautrec, connaîtra un vif succès.

La même année, en février, Vincent Van Gogh quitte Anvers pour venir retrouver son frère Théo qui fait à Paris ses débuts de galériste. Il s'inscrit chez Cormon et se lie d'amitié avec Lautrec. C'est sur les conseils de ce dernier que Vincent partira s'installer dans le Midi en 1888. Entre-temps, Lautrec a exécuté un portrait au pastel du peintre des *Tournesols*.

L e profil de Van Gogh attablé, aux chatoyantes couleurs du pastel, aurait été exécuté en 1887 au café du Tambourin. Ainsi en témoigne Emile Bernard, dont Lautrec avait peint également le portrait (page de droite) en 1886.

Au plafond du Mirliton, Bruant avait accroché, tel un porte-bonheur, la chaise de style Louis XIII que l'ancien propriétaire avait laissée lors de son départ. Il avait composé à son sujet une chanson qui inspira à Lautrec *Le Refrain de la chaise Louis XIII* (ci-contre) : Bruant y domine le public, dans lequel on identifie au premier plan, de dos, le poète Roinard, Louis Anquetin et Lautrec lui-même.

Amusante confrontation que celle, croquée par Steinlen pour la couverture du *Mirliton*, de l'écrivain Maurice Barrès face à l'affiche de Lautrec pour Bruant.

Tolau-Segroeg, le «Hongrois de Montmartre»

Lautrec a été marqué par l'influence du peintre et graveur Jean-Louis Forain, qui avait d'ailleurs exécuté un portrait de son père le comte Alphonse. Forain porte un regard pénétrant sur les bas-fonds de la société. Il est l'un de ceux qui poussent Henri vers le dessin humoristique, ce genre au travers duquel Daumier, déjà, a montré comment la satire peut sublimer tout ce qui est grotesque et tragique dans la comédie humaine.

Probablement pour décorer les murs du Mirliton, Lautrec illustra les chansons populaires de Bruant. Dans *A la Bastille* (p. 34) Jeanne Wenz, la sœur d'un camarade d'atelier chez Cormon, incarne l'héroïne Nini Peau de Chien. Son profil (p. 35) évoque la chanson *A Grenelle*.

Les premières œuvres graphiques importantes de Lautrec datent de cette époque, au moment où il décide d'illustrer des journaux. Sa première collaboration est pour *Le Courrier français* : Jules Roques a regroupé autour de sa publication des dessinateurs et des graveurs de talent comme Lunel, Steinlen, Willette et Forain. Pour le bal annuel du journal, en 1889, Lautrec se déguise en enfant de chœur, avec une tête-de-loup à la main en guise de goupillon. Il se présentera au premier bal des Quat'z-arts, organisé à l'Elysée-Montmartre par le photographe Simonnet, vêtu comme un ouvrier lithographe, en bleu de travail et chapeau mou.

Il pratique volontiers le canular, preuve qu'il ne se prendra jamais tout à fait au sérieux, et adopte les accoutrements les plus bizarres, pour tromper son monde. Dès son plus jeune âge, il a éprouvé une attirance constante pour la dissimulation et les déguisements. Sous le pseudonyme de Tolau-Segroeg, le «Hongrois de Montmartre qui a visité Le Caire et demeure chez un de ses amis, a du talent, et le prouve», il participe en 1886 au Salon des Arts incohérents, un forum d'humoristes où exposent des caricaturistes comme Pill', Choubrac et Caran d'Ache, parodie manifeste du Salon officiel où il était de bon ton d'apparaître sous un nom d'emprunt. Il y envoie avec «des aquarelles à l'eau de Seltz et des sculptures à la mie de pain», une toile intitulée *Les Batignolles trois ans et demi avant Jésus-Christ, peinture à l'huile sur papier émerisé* qui sera exposée sous le numéro 332. Il réitère cette expérience en produisant pour la même manifestation, en 1889, les *Portraits d'une malheureuse famille atteinte de petite grelure*, toujours sous le nom de Tolau-Segroeg, demeurant «rue Yblas sous le troisième bec de gaz à gauche, élève de Pubis de Cheval, spécialité de

Henri aimait se travestir, en clown, en femme, en enfant de chœur, en Japonais ou en imam prêchant devant une assemblée imaginaire. «Priez pour lui, écrivait la comtesse Adèle à la grand-mère paternelle du peintre, la vie d'atelier, excellente au point de vue du métier, est une rude épreuve pour un jeune homme.»

Ambiance orientale dans le bric-à-brac de l'atelier (page de droite). Méconnaissables, Lautrec et ses amis Claudon et Nussez interprètent quelques-uns des peuples d'Asie.

portraits de famille à fond jaune pastel». Toulouse-Lautrec est, à plus d'un égard, un précurseur du mouvement dada.

Premières conquêtes féminines

Les difformités physiques que supporte Lautrec n'altèrent pas son appétit sexuel; il se trouve même pourvu d'une virilité hors du commun. Il consomme

L'autrec n'a jamais craint de se caricaturer lui-même; l'éblouissante technique du trait utilisée dans cette silhouette de satyre semble annoncer déjà la verve de Picasso.

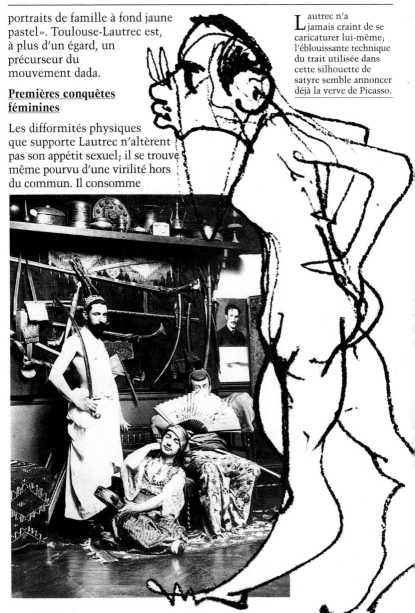

le corps féminin avec fringale, payant des prostituées qu'il rencontre au bar ou au bordel. Il capte tout ce qui est beau dans ces ambiances d'amours vénales. «Il demande, rapporte Joyant, à plusieurs femmes à moitié drapées dans leur chemise de danser en se tenant par les hanches, au son d'un piano mécanique. Il les fait s'avancer et reculer pour les avoir bien en face; alors il s'extasie sur des attitudes évocatrices du

« Elle est bath! Ce qu'elle a l'air carne! Si on pouvait l'avoir comme modèle, ce serait merveilleux!» C'est ainsi que Lautrec incitait Henri Rachou à aborder Carmen Gaudin. Ci-dessous son portrait en 1884.

Printemps de Boticelli ou des fresques de Benozzo Gozzoli.» Les femmes auront toujours beaucoup compté dans sa vie et son œuvre. Elles sont tantôt la muse, tantôt l'égérie, parfois la maîtresse, mais avant tout ses modèles. Il en dépeint le caractère avec une économie de moyens, en quelques traits qui témoignent d'un grand sens psychologique doublé d'une haute virtuosité technique. Chez Bruant, il fait la connaissance de Carmen Gaudin qui chante sous le nom de Rosa la Rouge. Au lieu de la «garce redoutable» dont elle donne l'image au travers des chansons, il découvre une ouvrière douce et maladive, extrêmement ponctuelle.

Elle devient rapidement l'un de ses modèles préférés, incarnant *Carmen la Rousse*, *A Montrouge*, *Rosa la Rouge*, *La Rousse au caraco blanc*.

Il fait poser son amie Jeanne Wenz – rencontrée chez Cormon – en Nini Peau de Chien, la tombeuse du quartier de la Bastille, héroïne de la fameuse chanson de Bruant, ainsi que Lily, la séduisante épouse de son ami Grenier (*Madame Lily Grenier*) avec lequel il partage son atelier.

** Lily [Grenier, ici en kimono], avec sa chevelure flamboyante, son teint de lait taché de minuscules points de rousseur, était très désirable et groupait autour d'elle des admirateurs qui espéraient obtenir, à force d'hommages, des succès personnels. Lautrec ne l'espérait pas, se contentant d'être pour elle un camarade qui l'amusait.**

François Gauzi

L'étude pour *La Blanchisseuse* (à gauche), réalisée au fusain en 1888, est un dessin préparatoire pour un numéro de *Paris illustré*. Suzanne Valadon a probablement servi de modèle.

Carmen Gaudin encore, la mèche en bataille, pose pour *La Blanchisseuse* (p. 40) et *La Rousse au caraco blanc* (p. 41).

Suzanne Valadon, muse de Lautrec

Son premier – et peut-être unique – amour sera pour Suzanne Valadon. Issue d'une famille humble, originaire de la Haute-Vienne, cette jeune

femme a commencé à peindre et à dessiner au moment où elle était encore blanchisseuse à Paris, vers 1885, avant de devenir écuyère de cirque. Accidentée, elle devient modèle et pose pour Puvis de Chavannes (inspirant à ce dernier tous les personnages féminins qui peuplent *Le Bois sacré)* et pour Degas. C'est alors que Lautrec fait sa connaissance et en tombe éperdument amoureux. On le voit en compagnie de la jeune femme au Mirliton, au Chat-Noir, à l'Elysée-Montmartre.

Pendant deux ans, Marie-Clémentine Valade (son nom pour l'état civil) cherche à se faire épouser sans y parvenir ; elle finit même par feindre de se suicider, mais la supercherie est découverte par Lautrec, mettant un terme à toutes les illusions que pouvait encore avoir un jeune aristocrate venu de son terroir sur la gent féminine parisienne. Il décide de rompre. La liaison se poursuivra néanmoins par bribes jusqu'en 1891. Le jeune provincial encore sentimental devient alors l'observateur-voyeur impitoyable de l'univers féminin de la belle époque (*Gueule de bois, Madame Suzanne Valadon*), ce qui ne l'empêchera pas, de temps en temps et selon ce que ses modèles lui inspirent, de laisser transparaître dans ses toiles une immense tendresse.

C'est ainsi qu'en 1888, il effectue plusieurs portraits d'une jeune inconnue, la très séduisante Hélène Vary (surnommée parfois Juliette), une de ses voisines qu'il avait connue enfant et dont il admirait la finesse des traits. Il la fait photographier à de nombreuses reprises pour garder la trace de son visage qu'on pourra retrouver par la suite dans plusieurs de ses peintures.

Suzanne Valadon est la future mère d'un autre amoureux de la Butte : Maurice Utrillo.

L autrec demande à Gauzi de faire des photos d'Hélène Vary afin d'en réaliser le portrait : «Son profil grec est incomparable», s'extasie-t-il.

C'est Princeteau qui avait emmené le jeune Lautrec au cirque Fernando au début des années 1880. Très vite celui-ci se passionna pour ce spectacle déjà mis à la mode par les impressionnistes et les illustrateurs. Devant cette première grande composition ambitieuse de Lautrec, le peintre belge Théo Van Rysselberghe note, fin 1887 : «Le petit bas-du-cul, pas mal du tout... [...] Jamais exposé. Fait en ce moment des choses très drôles. *Cirque Fernando*, putains et tout ça.» Selon Gauzi, Suzanne Valadon prêta son visage à l'écuyère, une écuyère en vert absinthe tournant sur la piste rose très pâle.

Le cirque Fernando

A l'instar de Degas, Lautrec aime le cirque, ce spectacle populaire où l'on accourt et qui enchante, avec ses animaux, ses clowns, ses acrobates et ses écuyères. Dans *Au cirque Fernando, l'écuyère*, il n'hésite pas à représenter la piste sous un angle qui tronque les personnages à la périphérie de la scène centrale ; une écuyère y galope sur le dos d'un cheval pommelé dont les jarrets sont caressés par le long fouet du maître de manège. La toile, achetée par Zidler et Oller, les créateurs du Moulin Rouge, est exposée dans le foyer de l'établissement où Seurat, dont l'atelier est tout proche, pourra l'admirer à loisir. Elle marque le début d'une longue série d'œuvres consacrées à l'univers du cirque, dont Lautrec est l'un des maîtres incontestés.

Quelques années plus tard, il rencontre chez Achille, rue Scribe, deux clowns du Nouveau Cirque, Footit et Chocolat, venus danser après leur spectacle. Leurs facéties lui inspirent alors une série de lithographies étincelantes.

Au Moulin de la Galette

La participation, en 1888, à l'Exposition des XX à Bruxelles, avec onze tableaux bien accueillis par la critique, contribue à faire connaître l'œuvre de Lautrec au-delà du cercle restreint de ses amis. Théo Van Gogh lui prend quelques toiles en dépôt pour la galerie dont il assure la gérance.

Dès lors commence une période d'intense activité picturale dont les thèmes vont tourner autour des bals montmartrois. *Au bal du Moulin de la Galette* est l'une des premières compositions monumentales où il fixe une scène de danse prise sur le vif; la dimension spatiale de l'ensemble est rendue grâce à la ligne de fuite constituée par le banc sur lequel

Clowns divers, pour illustrer tant la liste des œuvres de Lautrec à l'exposition des XX en 1888, qu'un texte de Tristan Bernard à la gloire du chocolat Potin.

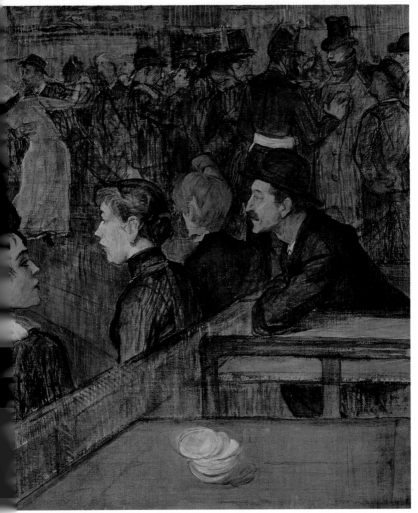

s'appuient quatre personnages. Car ce tableau est aussi une galerie de portraits, dans le traitement desquels il apporte un souci du détail qui caractérisera par la suite ses œuvres les plus importantes. Devant une foule de danseurs, un homme de profil, le peintre Joseph Albert, se tourne

❝Ce joli profil de jeune gigolette à la collerette, aux yeux malins troublés d'alcool, un autre profil porcin, une anguleuse tête d'Alphonse...**❞**

Félix Fénéon

vers trois femmes. Lautrec a volontairement accentué le hiératisme de ses personnages à la manière d'un Puvis de Chavannes. Le Moulin de la Galette, situé au sommet de la butte Montmartre, était le dernier bal campagnard de Paris, où des ouvrières endimanchées pouvaient côtoyer des hommes de la petite bourgeoisie parisienne venus chercher la rencontre. Sur l'emplacement de l'aire à moudre le grain avait été installée une piste de danse en terre battue. Y évoluait le public du bal musette, auquel se mêlaient des danseurs professionnels dont Lautrec fera ses modèles : Grille d'Egout, la Môme Fromage, et surtout la Goulue, qui y avait fait ses premières armes ; elle avait débuté comme blanchisseuse avant de danser au Cirque Fernando ; elle allait devenir l'une des plus célèbres attractions de l'établissement vedette de cette époque, le Moulin Rouge.

L'ouverture du bal du Moulin Rouge

Le 5 octobre 1889, l'ouverture du bal du Moulin Rouge restera l'un des grands événements parisiens de ce qu'on appelle la «Belle Epoque». A l'emplacement d'un bal populaire discret, la Reine Blanche, l'entrepreneur de spectacle Charles Zidler avait fait édifier un vaste complexe de loisirs que le décorateur Willette avait coiffé d'un élégant moulin de bois dont les ailes rouges paraissaient brasser l'air au-dessus du boulevard de Clichy.

Attablée sous la tonnelle à côté de Lautrec, devant force bouteilles, la Goulue est une des vedettes des «chahuts» parisiens. On aperçoit son chignon blond dressé, de dos et de biais, sur la toile de la page précédente, *Au bal du Moulin de la Galette*. Elle devient pour Lautrec un modèle de prédilection. Dès 1887 il la représente dans une rapide esquisse sur carton, en compagnie de son longiligne partenaire, le danseur amateur Valentin le désossé.

Sur une vaste piste de danse s'exhibaient Nini Patte en l'air, Grille d'Egout, la Môme Caca, Clair de Lune, Demi Siphon et autre Mélinite sous la houlette de Valentin le Désossé. Un promenoir-bar et un jardin extérieur complétaient l'ensemble; des singes apprivoisés venaient taquiner les consommateurs, tandis qu'un immense éléphant de bois abritait un orchestre, une troupe de danseuses du ventre et, de temps à autre, le célèbre Pétomane, vedette internationale qu'on venait voir – et écouter – de l'Europe entière.

Cette usine aux plaisirs devient rapidement l'un des lieux de prédilection de Lautrec. On pouvait d'ailleurs y retrouver les membres les plus éminents de l'aristocratie européenne – le prince de Galles, futur Edouard VII, était un assidu – et un public parisien qui venait goûter à l'atmosphère montmartroise tout droit descendue de la Butte. Lorsque Zidler lui propose d'accrocher deux de ses plus grandes toiles au-dessus du bar, Lautrec accepte sans hésiter. Il a déjà choisi la fête plutôt que les honneurs et Montmartre de préférence au bon goût des salons parisiens.

L e jardin du Moulin Rouge était dominé par un gigantesque éléphant, vestige de l'Exposition universelle. Ci-dessous Valentin en grand écart, et la Goulue dans la pose appelée «la guitare», deux figures maîtresses du «chahut».

«Quand je vois mon cul dans tes peintures, je le trouve beau» (la Goulue)

Dans les années 1886-1889, parmi les créatures du Moulin Rouge, c'est la Goulue qui inspire à Lautrec ses œuvres les plus célèbres.

Louise Weber (1870-1929), dite la Goulue, était d'origine alsacienne. Petite blanchisseuse, elle a tout

Le quadrille avait ses étoiles : (en page de droite) la Môme Fromage, Grille d'Egout et l'incomparable Goulue dont Lautrec était, selon *Le Figaro illustré* en 1893, «le peintre officiel».

d'abord travaillé dans le cirque avant de se produire au Moulin de la Galette – où elle rencontre Renoir –, qu'elle quittera pour le Jardin de Paris. Elle devient, de 1890 à 1895, l'une des grandes vedettes du Moulin Rouge : elle a créé un numéro dans lequel elle exécute le fameux «quadrille naturaliste», dérivé du french cancan où il fallait mettre la jambe derrière la tête et terminer par un grand écart assorti d'un cri strident.

Lautrec suit la Goulue à la trace pendant huit ans, depuis ses prestations à l'Elysée-Montmartre, bal

jouxtant le cabaret de Bruant, jusqu'à la fin de sa carrière lorsque, délaissée par la gloire, elle est contrainte de s'exhiber dans une baraque à la Foire du Trône, pour laquelle Lautrec peint deux célèbres panneaux en 1895.

Fasciné par cette femme qui lui avait glissé dans le creux de l'oreille : «Quand je vois mon cul dans tes peintures, je le trouve beau», il la représente sur une dizaine de toiles, affiches et lithographies, dont certaines comptent parmi les chefs-d'œuvre de sa production picturale.

Exposé au Salon des indépendants de 1890, *Le Dressage des nouvelles par Valentin le Désossé (Moulin Rouge)*, représente une répétition en public. La vivacité des couleurs y est remarquable, et Lautrec tire un habile parti du contraste entre le mouvement des danseurs et l'aspect statique du public. Il joue sur l'ambiguïté des personnages et l'on peut ainsi se demander si l'élégante figure vêtue de rose au premier plan est celle d'une bourgeoise égarée ou d'une prostituée. A l'arrière-plan, on peut distinguer Maurice Guibert, Paul Sescau et François Gauzi. En double page suivante, *La Goulue entrant au Moulin Rouge*, encadrée par sa sœur et la Môme Fromage, semble forcer le passage, tandis qu'une «chahuteuse» peu amène attend *Le Départ du quadrille*.

Devenu célèbre à partir des années 1890, en pleine possession de son art, Toulouse-Lautrec exécute ses plus belles peintures et ses plus célèbres affiches. Il se lance dans la lithographie dont il devient l'un des plus brillants créateurs. «Monsieur, écrit en juillet 1894 l'actrice Yvette Guilbert, je serai très heureuse de voir vos affiches; jeudi, à sept heures et demie je serai chez moi, ou alors samedi à deux heures.»

CHAPITRE III
LES ANNÉES LUMIÈRE

"Il ne cesse de me regarder avec une insistance gênante. [...] Quand il se met à me parler, il est charmant, parfois rosse [...]. Un jour, après le final du deux où je danse le fandango, on m'apporte un bouquet de roses blanches avec un mot du peintre... Deux mois plus tard est achevé son tableau du *Ballet de Chilpéric*.**"**
Marcelle Lender

Premières affiches

Le peintre Jules Chéret (1836-1932), surnommé par le critique d'art Félix Fénéon «le Tiepolo du double colombier» (le double colombier étant l'ancienne appellation du format de papier 80 x 120 cm, couramment utilisé pour l'impression des affiches), avait dessiné l'affiche annonçant l'ouverture du Moulin Rouge : des danseuses de rêve chevauchaient des ânons devant la silhouette si caractéristique de ce nouveau temple de la danse.

C'est à Lautrec, grand admirateur de Chéret, que Zidler demande d'exécuter l'affiche suivante. Lautrec, d'emblée, va à l'essentiel : il représente le numéro de danse de la Goulue et de Valentin le Désossé, ce curieux personnage, fils de notaire et féru de danse, au profil d'oiseau, au menton en galoche, perpétuellement coiffé d'un haut-de-forme luisant de graisse. L'affiche orne bientôt les murs de Paris et fait sensation par la force de ses quatre couleurs et le découpage hardi des silhouettes : Lautrec, visiblement, a puisé son inspiration dans les gravures japonaises. Le voici propulsé sur le devant de la scène.

Il s'agit là de la première affiche moderne, véritable œuvre d'art que les collectionneurs, très vite, recherchent, allant jusqu'à les faire décoller des murs où elles sont apposées. Zola dans *L'Œuvre* (1886) montre des jeunes peintres qui, rue de Seine, insultent l'Académie des beaux-arts tandis qu'une «affiche tirée en trois couleurs», servant de réclame à un cirque forain, leur fait pousser des cris

En compagnie de Trémolada, l'adjoint des patrons du Moulin Rouge Oller et Zidler, Lautrec examine la première affiche, créée par Chéret en 1889. Les publicités de l'époque invitaient le public à assister à «un spectacle très parisien où les maris peuvent venir accompagnés de leurs femmes». Slogan cocasse, puisque le Moulin Rouge devait très vite acquérir la réputation du «plus grand marché de l'amour libre» de Paris.

Sur l'affiche de Lautrec, plus de moulin ni de coquines meunières, mais une vedette : la Goulue, et un seul spectacle : le chahut. Devant un public traité en ombres chinoises et derrière la silhouette dégingandée de Valentin le Désossé, la Goulue exécute une figure du quadrille naturaliste appelée «la guitare», que *Paris Cythère* décrit, en 1894, dans les termes suivants : «La femme soulève une jambe toujours rigide, jusqu'à ce qu'elle forme avec le torse un angle presque droit; d'une main, elle tient le bas de la jambe comme si c'était le fût d'une guitare, de l'autre elle simule sur sa cuisse le grattement des cordes.»

d'admiration. Félix Fénéon, dans la revue anarchiste *Le Père peinard*, exhorte ses lecteurs à arracher les plus belles affiches des murs de Paris pour «se procurer de la peinture plus "harf" que les croûtes au jus de réglisse qui font la jubilation des trous du cul de la honte».

Premières estampes

Au début des années 90, l'estampe originale, aussi, contrairement à la gravure de reproduction mise à mal par la concurrence de la photographie, devient une forme d'art qui intéresse de plus en plus les amateurs cultivés et avertis. C'est à leur intention qu'un éditeur de talent, André Marty, a fondé *L'Estampe originale*, une suite de livraisons de planches d'artistes. Lautrec y exécute, dès le premier numéro, la couverture, pour laquelle Jane Avril lui sert de modèle. Peu à peu, sa réputation de graveur

En 1893, l'éditeur André Marty entreprit la publication de *L'Estampe originale*, un recueil trimestriel d'œuvres dues aux meilleurs artistes de l'époque. Lautrec, à travers la couverture du premier numéro, rend hommage à la danseuse Jane Avril et à l'intérêt qu'elle cultivait pour l'art. Il la montre en train d'examiner une feuille fraîchement sortie de la presse du père Cotelles, artisan de l'imprimerie Ancourt qui avait initié le peintre aux subtilités de la technique lithographique.

Pour la figure de Jane Avril destinée à illustrer la couverture de *L'Estampe originale*, Lautrec procéda par étapes. Une première étude, réalisée à l'huile sur un carton de grandes dimensions, fixait l'attitude attentive de la danseuse par des traits particulièrement vigoureux. C'est par une aquarelle, ensuite, qu'il détailla les traits de son visage.

L'esquisse au fusain du *Pendu* (1892) parvient à produire une atmosphère dramatique : l'intense réseau des lignes noires y contraste avec la blancheur de tout le corps du condamné. Dans la version définitive de l'affiche (reproduite en p. 67), seuls émergeront du fond sombre la chemise du supplicié, quelques facettes de son visage et la silhouette de la potence, tragiquement éclairés par la chandelle du bourreau. Dans le bas, la noirceur plus marquée des deux jambes renforcera l'impression de suspension.

s'établit. De bouche à oreille se répand l'intérêt pour cet aristocrate dont l'audace rivalise avec la technique, et s'élargit ainsi le cercle des collectionneurs.

En 1892, le journal quotidien *La Dépêche de Toulouse* lui commande une affiche pour un roman sur l'affaire Calas. Il réalise *Le Pendu*, où les personnages, violemment éclairés par le bas comme sur la scène du café-concert, se détachent sur un fond sombre. C'est une des rares affiches où Lautrec laisse

LIRE DANS
Le Matin
au Pied
DE
L'ÉCHAFAUD
MÉMOIRES DE
l'Abbé Faure

C'est en assistant à un bal masqué organisé à la Salpêtrière, où elle avait été internée pour troubles nerveux dans le service du docteur Charcot, que Jane Avril connut «l'illumination de la danse et que grâce à la danse, raconte-t-elle dans ses mémoires, elle fut guérie». Qui pourrait deviner que sous ces dehors de bourgeoise élégante, à la capeline ornée de fleurs et au majestueux col de fourrure, se cache *Jane Avril entrant au Moulin Rouge*? Que cette femme à l'allure austère, et dont le petit sac jaune, tel un fil à plomb, accentue la verticalité rigide, va se métamorphoser en *Jane Avril dansant* (à droite), qui exhibe bien haut ses jambes et son jupon noir affriolant?

"Jane Avril changeait souvent de protecteur, mais elle avait horreur des ruptures. Alors, elle quittait sans rien dire son éphémère conquête et lui abandonnait même ses Lautrec. Mais comme elle aimait ses tableaux, son peintre lui en peignait d'autres.**"**

Philippe Huisman et Geneviève Dortu, *Lautrec par Lautrec*

"Au milieu d'une foule, relate Paul Leclercq, cofondateur de la *Revue blanche* et ami de Lautrec, un remous se faisait, une haie se formait : Jane Avril dansait, tournait, gracieuse et légère, un peu folle, pâle, amaigrie, racée... elle tournait, détournait, sans poids, nourrie de fleurs; Lautrec clamait son admiration.**"**

Derrière la danseuse, l'homme au chapeau melon qui forme avec sa voisine un couple caricatural est le peintre anglais William Warrener. Il servit de modèle à Lautrec pour sa lithographie *L'Anglais au Moulin Rouge*.

**"Chaque répétition
m'apprenait des
quantités de choses, et
c'est en voyant travailler
l'art dramatique que
moi, j'appris à chanter!
Ce sont ces acteurs qui
influencèrent ma
manière, car plus tard,
quand j'eus à apprendre
une chanson, je
m'appliquais à la
«jouer»."**

Yvette Guilbert

De l'esquisse verte
qui figurait Yvette
Guilbert saluant le
public, Lautrec tira une
très belle lithographie
monochrome pour la
dernière planche de
son album.

parisienne de la fin du siècle. Il hante les
théâtres les plus divers, de la Comédie-
Française, temple de la profession,
jusqu'à celui, infiniment plus populaire,
du Boulevard du Crime, en passant par le
Gymnase, le Vaudeville, la Renaissance
ou l'Athénée. Là, il traque les acteurs et
surtout les actrices, sur scène ou en
coulisse, et termine la soirée en leur
compagnie en soupant au Petit Lucas,
chez Paillard, au Café Anglais ou chez Veil.

Fasciné par la magie du lieu théâtral,
c'est sur fond de moquette rouge, pareille
à celle qui recouvrait les couloirs du
Français, qu'il peint le beau portrait de
son cousin germain et confident Gabriel
Tapié de Céleyran (venu faire ses études
de médecine à Paris, où il soutient sa thèse en 1899).
Passionné, il ira au moins une vingtaine de fois
assister à l'opérette *Chilpéric* d'Hervé, au théâtre des
Variétés, pour observer le jeu de Marcelle Lender et ce
fameux boléro qu'elle dansait avec des castagnettes,
tenant le public en haleine.

Grâce à l'influence de son ami d'enfance Maurice
Joyant (1864-1930), qui devient marchand de tableaux

Marcelle Lender,
de son vrai nom
Anne-Marie-Marcelle
Bastien (1862-1926),
avait fait ses débuts au
Théâtre du Gymnase.
Partie aux Etats-Unis
avec l'acteur Coquelin,
elle revint à Paris pour
triompher dans
Chilpéric (voir détail
en p. 54). Lautrec tira
d'elle une superbe
lithographie en
plusieurs états, dont
certains rehaussés à
l'aquarelle.

Parallèlement à ses
activités théâtrales,
Tristan Bernard était le
directeur technique du
vélodrome Buffalo. A
son contact, Lautrec
devint un amoureux
platonique de la «petite
reine», la fragilité de
ses jambes lui
interdisant toutefois de
pratiquer le cyclisme.

Gabriel Tapié de Céleyran, venu à Paris poursuivre des études de médecine entamées à Lille, était le cousin de Lautrec et l'avait introduit dans les milieux médicaux. Lautrec le représente ici dans un couloir de la Comédie-Française, entouré des symboles de cette vénérable maison : la moquette rouge, la dame du vestiaire et l'avant-scène entrevue par une loge.

en prenant la succession de Théo Van Gogh à la direction de la galerie Goupil, Lautrec va peu à peu sortir du ghetto montmartrois et du thème du café-concert. Il illustre des œuvres littéraires de Jules Renard, Jean de Tinan, Tristan Bernard, Julien Sermet

ou Georges Clemenceau et diversifie ses sources d'inspiration qui, au fil du temps, deviennent plus intellectuelles. A partir de 1895, on le voit davantage au théâtre qu'au café-concert, mais il y va moins, à vrai dire, pour écouter que pour voir. Il peut assister impassible à des représentations de pièces symbolistes souvent obscures qui déchaînent parfois l'ire d'un public vociférant, tout accaparé qu'il est par le jeu des lumières sur la scène ou le geste de tel acteur.

Le Théâtre-Libre et le Théâtre de l'Œuvre

Les dernières années du siècle correspondent à la naissance d'un théâtre d'avant-garde autour de deux personnalités qui jouent un rôle essentiel : Antoine

Destinée à illustrer le programme de la pièce d'Emile Fabre *L'Argent*, produite en 1895 au Théâtre-Libre, cette litho aux couleurs hardies campe le couple Reynard, de dos, devant les reliefs de la table qu'il vient de quitter. Lugné-Poe avait fondé le Théâtre de l'Œuvre en 1893. Ci-dessus il interprète *L'Image*, de Maurice Beaubourg, en 1894. Traitant l'emphase dramatique à la manière d'une caricature, Lautrec le montre pétrifié d'horreur devant l'actrice Bady (son épouse), qui s'évanouit à son tour.

avec le Théâtre-Libre et Lugné-Poe en son Théâtre de l'Œuvre. Les metteurs en scène font intervenir des artistes contemporains pour la conception des programmes, des affiches et des décors. Ils visent le «spectacle total» qui englobe toutes les formes d'expression et d'art.

Ce mouvement théâtral d'avant-garde va avoir des conséquences déterminantes sur l'évolution des arts plastiques et décoratifs en raison du nombre et de la qualité des artistes sollicités pour y participer : le Norvégien Edvard Munch, mais également Bonnard, Vuillard et Maurice Denis. Lautrec, pour sa part, exécute dès 1893 des programmes pour le Théâtre-Libre (*Une faillite*). Aux répétitions accourent des amateurs fascinés par ces pièces symbolistes au propos parfois obscur; ils forment une sorte de cour autour de Catulle Mendès, le «prince des critiques» dont Lautrec dessine, de mémoire, les yeux exorbités et le profil épais.

Sa collaboration s'étend à d'autres institutions théâtrales, pour certaines plus classiques, mais aussi aux «monstres sacrés» du moment qui bénéficient alors d'un renom et d'une aura au moins aussi grande

Sarah Bernhardt joue *Phèdre* au théâtre de la Renaissance, un de ses rôles fétiches. Lithographie publiée en 1893 par *L'Escarmouche*. .

Coolus. Ou encore il partage avec eux les joies de la mer sur les plages de Normandie. Misia, excellente pianiste, fait découvrir à ses amis Fauré et Debussy. Elle tisse autour d'elle un réseau, reliant la peinture à la musique et à la littérature. Non loin de Valvins Mallarmé vit au bord de la Seine, tandis qu'Octave Mirbeau, Odilon Redon, Valette, le directeur du *Mercure de France*, et Alfred Jarry viennent se reposer à proximité de la rayonnante Misia.

Grâce à elle, Lautrec découvre la compagnie d'esprits subtils comme Louÿs, Maeterlinck, Valéry et Fénéon. Une complicité chaleureuse s'installe entre eux. Misia s'enchante de sa présence, lui rend visite à son atelier, et Lautrec se plaît à prouver au tout Paris des arts et des lettres qu'il peut être, aussi, un grand séducteur!

Maurice Joyant, le fidèle ami

L'amitié la plus durable et la plus féconde de Lautrec sera pour Maurice Joyant (1864-1930). Ils s'étaient rencontrés, enfants, sur les bancs du lycée Condorcet en 1873. Ils se retrouvent dix ans plus tard. Joyant a alors abandonné une place de rédacteur au ministère des Finances pour travailler chez Goupil qui, non content d'être l'un des grands marchands de tableaux de l'époque, possède également plusieurs journaux. C'est pour *Paris illustré*, l'une des publications de Goupil, que Lautrec réalise ses premières illustrations de journaux (*Un jour de première communion, Le Côtier de la compagnie des omnibus*). Joyant prodigue à Lautrec d'utiles conseils pour ce type d'illustration et la mise en page des dessins.

"Il y a un sport qu'il [Lautrec] pratique avec un art consommé pour ma plus grande délectation. La règle est la suivante. Je m'assieds par terre dans le jardin, adossée à un arbre et plongée dans les délices d'un bon livre. Lautrec s'accroupit alors près de moi, armé d'un pinceau à l'aide duquel il me chatouille savamment la pointe des pieds... Il me trouve au paradis et lui prétend tracer sur la plante de mes pieds des paysages imaginaires...**"**
Misia Natanson

A table chez M. et Mme Natanson représente une de ces réunions intimes et amicales dont les Natanson avaient le secret. De gauche à droite sont esquissés Vuillard, au centre la figure massive et dominante de Misia, puis le peintre Félix Vallotton et la carrure imposante de Thadée Natanson vu de dos.

Le Paris illustré était un magazine assez luxueux destiné à la bourgeoisie élégante. En juillet 1888, Lautrec y fit paraître quatre œuvres en grisaille – dont *Le Côtier de la Compagnie des Omnibus* –, destinées à illustrer un article d'Emile Michelet sur *L'Eté à Paris*. Très satisfait de son travail, il écrivait à sa mère le 13 juillet : «Tante Emilie a dû vous dire que mes dessins avaient paru. Je vous les enverrai lundi.»

C'est Joyant encore qui favorise les contacts entre Lautrec et les frères Van Gogh – qui travaillèrent tous deux chez Goupil. Lorsqu'il remplace Théo, en 1891, à la tête de la succursale de la galerie du boulevard Montmartre, cette petite annexe possède un stock composé non de pompiers ou de peintres de Barbizon, mais des plus grands impressionnistes. Joyant devient à son tour le chantre de la peinture d'avant-garde qu'il ne cesse de soutenir. Il organise ainsi des expositions Pissaro, Carrière, Berthe Morisot ainsi que Gauguin, avant le départ de ce dernier à Tahiti.

Lautrec se fera longtemps prier avant d'exposer ses propres œuvres chez Goupil. Pourtant, sur les conseils de Joyant, il prend l'habitude d'envoyer chaque année quelques toiles au Cercle artistique de la rue Volney et au Salon des indépendants, dont son ami Paul Signac avait été l'initiateur. De même, il participe avec assiduité au Salon des XX à Bruxelles, ville où il se rend volontiers; il va même jusqu'à y provoquer en duel le peintre belge De Groux qui avait osé dénigrer publiquement la peinture de Vincent Van Gogh. En 1893, il finit par obtempérer aux demandes pressantes de son ami et expose une trentaine de tableaux dans la galerie Goupil. Et c'est là que Degas, ce misanthrope taciturne, si avare de compliments, prononça une célèbre phrase, qui traduit en quelle estime il tenait Lautrec : «Ça, Lautrec, on voit que vous êtes du bâtiment!»

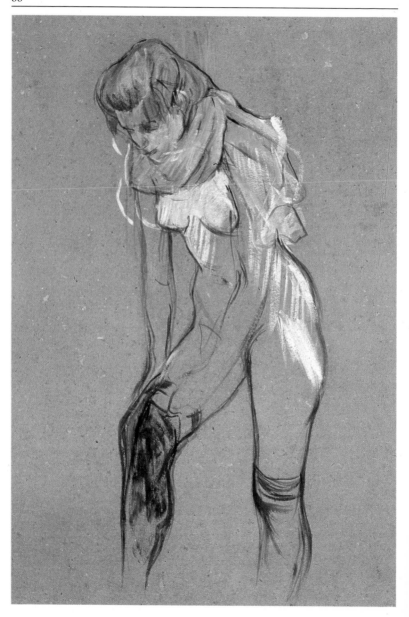

Lautrec a pris les femmes pour sujet.
Qu'il s'agisse de la divine Misia
Natanson, de l'énigmatique «passagère
du 54», ou des pensionnaires usées
des maisons closes qu'il fréquente
assidûment, ses plus belles œuvres
sont consacrées à la gent féminine,
du plus haut jusqu'au plus bas
de l'échelle sociale.

CHAPITRE IV
LA CITÉ
DES FEMMES

Gabrielle, Marcelle,
Rolande... Venues
du théâtre, des cabarets
ou des bordels, les
modèles préférés de
Lautrec furent des
femmes publiques. A
travers sa peinture il a
affirmé leur noblesse,
leur talent, leur
sensualité, renvoyant
à l'anonymat la
bourgeoise et la
ménagère, et gardant
dans le secret de son
cœur l'image austère et
si opposée de sa mère.

May Milton n'était guère aimée par les amis de Lautrec, qui la comparaient à un bouledogue. Admettant ses talents de danseuse, ils ajoutaient : «May Milton [...] ne dépare point la collection des numéros qui plaisent tant à Lautrec.» Sa seule gloire reste cette affiche bleue, commandée au peintre en 1895, mais qui jamais n'orna les murs de Paris.

La jeune femme s'y présente vêtue de robes aux couleurs pastel, manches bouffantes et volantées, tenant dans ses bras un petit chat noir; elle chante : «J'ai un petit chat et j'aime beaucoup ça.» Avec des allures de petite fille modèle, elle pousse de vieux airs irlandais qui attirent sur elle l'attention éphémère d'un public conquis par l'anglomanie ambiante. Il reste de cette idylle une série de six lithographies qui campent l'Irlandaise habillée en «baby», coiffée d'un bonnet en forme de chou à la crème, tenant dans ses bras son minuscule animal à la queue tire-bouchonnée.

Lesbienne notoire et protégée de Jane Avril, May Belfort partage la vie d'une danseuse anglaise venue à Paris avec une troupe de girls, May Milton. Lautrec en a fait la connaissance grâce à Jane Avril et, attiré comme toujours par les rousses, il est d'emblée séduit par l'ample crinière de celle qu'il surnomme «Miss Aussi». La jeune femme ne tient la scène qu'un seul hiver, mais se trouvera doublement immortalisée puisque, dans *La Chambre*

Mer, transat et bâche battue par le vent servent à Lautrec dans un montage de lignes et d'aplats colorés pour mettre en scène la silhouette de la belle inconnue rencontrée sur le bateau *Le Chili*.

bleue, Picasso a accroché au mur une affiche de Lautrec représentant May Milton.

L'énigmatique «passagère du 54»

Rarement Lautrec laisse percer du sentiment amoureux dans la représentation des femmes. Il est bien trop pudique pour cela. Au cours de l'été 1895 cependant, se rendant près d'Arcachon, il s'éprend éperdument d'une mystérieuse passagère rencontrée sur le bateau *Le Chili* au cours de la traversée entre Le Havre et Bordeaux.

La jeune femme loge dans la cabine 54. Lautrec la suit jusqu'à Lisbonne. Il est prêt à aller jusqu'à Dakar, lieu

«On dirait une grenouille», disait Joyant de May Belfort, cette jeune Irlandaise que Lautrec entraînait à l'Irish and American Bar avant qu'elle ne se produise au Petit Casino. Elle n'obtiendra qu'un succès d'estime malgré la belle affiche rouge de Lautrec et sa chanson fétiche :
«I've got a little cat, – I'm very fond of that.»

de destination de la belle inconnue… où l'attend de surcroît un mari! Son compagnon de voyage, Maurice Guibert, se fâche et contraint le peintre à regagner Bordeaux, après un bref séjour à Madrid et à Tolède où il en profite pour faire la découverte du Greco. De cet épisode amoureux autant que platonique ressort l'une des plus étonnantes lithos de Lautrec, qui servira d'affiche au Salon des cent de 1896.

Les salons des maisons closes

La fin du siècle correspond à l'apogée des maisons closes, dont Goncourt avec *La Fille Elisa*, Huysmans avec *Marthe* et Maupassant avec *La Maison Tellier* tireront des romans à succès. Le thème des filles est également repris par des peintres : Forain, Daumier, Degas et, bien sûr, Lautrec qui n'hésite pas, lui, à vivre dans ces lieux où les hommes, habituellement, ne font que passer.

Ainsi, de temps à autre, Lautrec «disparaît». Il quitte l'atelier de la rue Tourlaque pour se rendre dans les bordels de la rue Joubert, de la rue d'Amboise ou de la rue des Moulins. Il s'y installe avec armes et bagages pendant plusieurs jours, voire plusieurs mois, comme s'il passait des vacances dans une ville d'eau pour effectuer une cure. Il y séjourne tout en peignant et

Lautrec peignant les bordels avait choqué ses contemporains. Lui s'amuse à se faire photographier, en compagnie d'un modèle, devant la toile, à peine sèche, du *Salon*. Sa série des maisons closes présente les filles dans leurs activités quotidiennes, jouant aux cartes (p. 96) ou recevant le blanchisseur (p. 97).

Au Salon de la rue des Moulins, peint vers 1894, est un tableau ambitieux, mais aussi étrangement calme : un angle occupé seulement par les rouges coussins du divan, le fond traité en mur de miroirs, et cinq filles disposées en diagonale. Lautrec a peint leur visage, leur air un peu morne, avec beaucoup plus de soin que leur corps ou leur pose.

dessinant. Paul Durand-Ruel, le marchand promoteur des impressionnistes, lui ayant demandé de visiter son atelier, il le reçoit dans le salon de la rue des Moulins, entouré des pensionnaires de la maison close. «J'entends partout le mot bordel, écrit-il avec un étonnement feint, mais nulle part je ne me sens plus chez moi»; et il entraîne ses amis Romain Coolus, Maxime Dethomas et Maurice Guibert, intrigués et ravis, dans ces lieux où les bourgeois vont incognito.

quotidienne. Possédant un petit volume de
reproductions d'estampes érotiques, il se plaît à le
faire feuilleter par quelques amis proches, et scrute
leurs réactions avec un malin plaisir.

Il a été fortement inspiré par les estampes
d'Utamaro, le grand artiste japonais qui, dans *Les
Douze heures des maisons vertes*, décrivait l'activité
des courtisanes d'une maison de plaisir à toutes les
heures de la journée. Goncourt avait édité un livre à
la gloire d'Utamaro en 1891, date à laquelle une
importante exposition d'estampes japonaises était
présentée à l'Ecole des beaux-arts. En 1894, c'est
au tour de Durand-Ruel d'exposer les estampes du
maître japonais.

Amours féminines

Dans le milieu du café-concert, notamment les petits
bars montmartrois *La Souris* et *Le Hanneton*, et dans
les maisons closes, l'amour entre femmes est une
pratique courante. Le peintre encourage ces tendances
saphiques qui engendrent des poses qui l'inspirent.
Devant deux femmes endormies et enlacées dans un
lit, Lautrec dira : «C'est supérieur à tout. Rien ne

En regardant *Au lit*
(ci-dessus) et *Le
Baiser* (ci-dessous), tous
deux peints en 1892, le
spectateur est invité à
devenir voyeur. Les
amis de Lautrec
collectionnèrent très
tôt ses peintures de
lesbiennes.

peut rivaliser avec quelque chose d'aussi simple.» A l'instar de Baudelaire, il ose aborder le thème sulfureux des amours interdites auquel il consacre une dizaine de toiles.

Avec le Degas des monotypes, il s'affirme comme l'artiste de cette époque qui a poussé le plus loin possible

D'une facture évoquant plutôt les traits du dessin, cette *Femme couchée – Réveil* est en fait une lithographie extraite de l'album *Elles*.

la description des situations les plus scabreuses et les plus choquantes pour la morale bourgeoise. En 1893, il n'hésite pas à produire onze toiles, dont les cinq premières servent d'illustration à un article de Gustave Geffroy sur «Le Plaisir à Paris» pour *Le Figaro illustré*, prenant pour sujet des couples de femmes. Il reprend ce thème, en 1894 et 1895, pendant le séjour d'une année qu'il effectue dans la maison close de la rue des Moulins, cet endroit dont il avait dit : «J'n'aime pas y aller en passant.»

Cette liberté de ton, cet affranchissement des tabous font de Lautrec le précurseur de Picasso. Ce dernier, notamment dans son œuvre gravé, prouvera qu'il a retenu la leçon donnée par son aîné et n'hésitera pas, lui non plus, à porter au-delà des limites des normes admises les différents thèmes de l'amour.

Courbet avait, dès 1860, représenté des scènes d'amours féminines. A l'époque de Lautrec, la mise en scène de lesbiennes était monnaie courante dans les photographies pornographiques qui s'échangeaient sous le manteau.

A partir de 1898, la santé de Toulouse-Lautrec décline. Il produit moins. Les effets ravageurs de l'alcool contraignent ses proches à le faire interner. Il sortira de clinique au bout de quelques mois, en bien piteux état. Paralysé des membres inférieurs, il meurt à trente-sept ans, le 9 septembre 1901, dans les bras d'Adèle, sa mère.

CHAPITRE V

«JE SUIS ENFERMÉ, OR TOUT CE QUI L'EST MEURT»

•• Je me souviens toujours de ma visite à Lautrec, la première de toutes, et de mon angoissante tristesse. Au bout d'un corridor étroit, bas de plafond, éclairé de meurtrières et fermé par une porte basse, dans deux petites cellules carrelées, engrillagées, dont l'une était sa chambre, l'autre celle du gardien, un Lautrec lucide, calme, avec déjà des crayons et des dessins, m'accueillit comme le libérateur.••
Maurice Joyant, 1899

•• Dear Sir,
Je me nourris de noix vomique : ainsi Bacchus et Vénus sont barrés. Je peins et même je sculpte. Si je m'embête, je fais de la poésie.
A toi,
H.••
Lettre à Maurice Joyant,
2 avril 1901

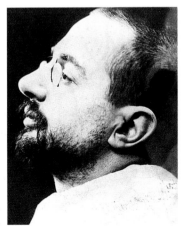

une crise d'éthylisme particulièrement violente, il est interné à la clinique de Madrid à Neuilly. Lorsqu'il reprend ses esprits, il se retrouve dans une cellule cadenassée. C'est alors qu'il écrit à son père : «Papa, vous avez occasion de faire acte d'honnête homme. Je suis enfermé, or tout ce qui l'est meurt!» Ses amis médecins, Bourges et Tapié de Céleyran, ont convaincu sa mère, contre l'avis de Maurice Joyant,

En cabinet particulier – *Au Rat mort* (1899) dépeint l'ambiance de l'un de ces petits salons retirés et luxueusement meublés attenant à la salle d'un restaurant – ici Le Rat mort, fréquenté par Lautrec et ses amis.

de procéder à cet internement d'office pour lui faire subir une cure de désintoxication.

Une polémique éclate dans la presse, sur le mal dont souffre le peintre. Détracteurs et supporters s'affrontent. Le scandale contribue à sa notoriété et la cote de ses œuvres s'en trouve rehaussée. Lautrec devient sulfureux. Il sort de cet enfer le 17 mai, non sans être revenu au thème du cirque pour préparer un album que Joyant a décidé d'éditer afin de lui redonner le goût de vivre et de travailler.

La nostalgie du cirque

Des fous dont il est entouré aux clowns dans l'univers desquels il plonge avec

Pendant son internement en clinique à Neuilly, Lautrec, privé d'alcool, est sous la surveillance constante d'un certain Pierre. Il fait son portrait et l'intitule lui-même *Mon gardien*.

intensité, il n'y a qu'un pas. Son album *Le Cirque* est l'un de ses derniers chefs-d'œuvre. Le graphisme atteint une parfaite élégance. Cha-U-Kao la clownesse, le clown Footit – cette fois sans son comparse le nègre Chocolat –, le caniche, l'écuyère et le dompteur.

Les dessins que Lautrec réalise de mémoire depuis sa clinique – en particulier sur le thème du cirque – représentent un enjeu vital : en prouvant qu'il est encore capable de dessiner, il espère bien reconquérir sa liberté.

Lautrec fait vivre, de mémoire, ses compagnons imaginaires d'internement sous un trait d'une éblouissante virtuosité. Il confie à Maurice Joyant avoir alors acheté sa liberté avec ses dessins.

De ce jour, il ne vivra plus qu'en compagnie de Paul Viaud, un ami bordelais et parent éloigné, grand bourgeois sportif à qui le mal d'estomac interdit de boire la moindre goutte d'alcool, et dont la famille a fait son gardien. Lautrec est sous tutelle. Ses ressources financières sont strictement contrôlées par ses proches, les ventes de toiles par Maurice Joyant améliorant l'ordinaire. Son comportement a de quoi surprendre : on le voit dans la rue vêtu d'un pantalon rouge sous un parapluie bleu, tenant un chien en faïence sous le bras, ou encore en train de dresser un éléphant en carton-pâte.

Le seul sport que pouvait pratiquer Lautrec (ici photographié en compagnie de Paul Viaud au cours d'une partie de bateau vers 1899) était la natation et il s'y adonnait avec plaisir.

En juillet 1899, Lautrec séjourne au Havre, à l'hôtel de l'Amirauté, toujours chaperonné par Viaud. L'importance du trafic maritime y avait entraîné la multiplication des bars et des cafés-concerts, fréquentés par des marins britanniques et animés par des artistes d'Outre-Manche. *L'Anglaise du Star* (en page de gauche, huile sur carton et sanguine), selon Joyant, serait une certaine Miss Dolly, chanteuse. En juillet 1899, Lautrec écrit à Joyant : «Je t'ai envoyé hier un colis recommandé, un panneau de tête de barmaid du Star. Laisse-le sécher et fais-le encadrer.»

Lautrec peindra en 1901 le portrait de son inséparable Paul Viaud, déguisé pour la circonstance en amiral anglais du XVIIIᵉ siècle. Le tableau était destiné à orner un dessus de cheminée de Malromé. La liberté de touches et l'intensité du rouge témoignent des nouvelles recherches picturales de Lautrec à la fin de sa vie. Ce portrait, laissé inachevé, sera conservé à Malromé jusqu'à la mort de la comtesse Adèle.

Lautrec a hâte de quitter Paris. Il part pour Le Crotoy où il reprend goût à la peinture après avoir rencontré Miss Dolly, la barmaid d'un café-concert du Havre. Jolie, blonde et anglaise, elle l'inspire et lui rappelle ce passé récent où il pouvait encore courir tous les cafés-concerts de la capitale. Le 20 juillet, Viaud et Lautrec s'embarquent, comme d'habitude à cette période de l'année, pour Arcachon, avant de séjourner auprès de la mère de l'artiste, à Malromé, le temps des vendanges. En octobre 1899, il est de retour dans la capitale.

L'ultime séjour à Paris

Trop fatigué pour marcher, Lautrec a recours à son voisin de la rue Fontaine : le loueur de voitures Calmèse lui procure un minuscule tilbury traîné par un poney et devient le compagnon de ses ultimes beuveries. Il en profite pour revenir au modèle équestre traité jadis et exécute l'une de ses plus belles lithographies, *Le Jockey*, où la monture et son cavalier sont représentés de dos, sous un angle saisissant d'à-propos et de vie.

Lautrec partage avec son cousin Gabriel Tapié de Céleyran une moderne passion pour l'automobile. En 1898, il le campe au volant de ce qui semble être un bolide, emmitouflé dans des fourrures et muni de lunettes de protection, croisant à toute allure une frêle promeneuse accompagnée de son petit chien.

Une dernière fois, il consacre à Jane Avril une affiche : la chanteuse y figure de face, les bras en l'air, entourée de son boa. L'imprésario de Jane refuse l'affiche, pourtant appréciée par la chanteuse.

En 1898-1899, retrouvant son intérêt pour le sport, Lautrec se tourna vers les courses de chevaux sous la houlette d'un turfiste chevronné, son ami Tristan Bernard. *Le Jockey* est la première d'une série de quatre planches en couleur sur les courses, commandée par l'éditeur Pierrefort.

Vitesse encore : le cousin Gabriel prête ses traits à cette version moderne du sportif, *L'Automobiliste*. Le poster de Jane Avril, réalisé en couleurs primaires, est, en 1899, l'avant-dernière affiche que produit Lautrec.

Repos dans le jardin de Malromé en compagnie de la comtesse Adèle, au cours de l'été 1900.

A Honfleur, Lucien Guitry lui commande la conception et l'illustration d'un programme pour une pièce tirée de *L'Assommoir* de Zola.

Après trois mois de bains de mer à Arcachon, il s'octroie quelques semaines de pause familiale à Malromé avant de partir pour Bordeaux en 1900. Il y restera jusqu'en avril 1901, occupant un atelier que lui a cédé la galerie de tableaux Imberti. C'est là qu'il exécute, dans une frénésie de travail, deux cycles de tableaux inspirés par des représentations de *Messaline*, une tragédie lyrique d'Isidore Lara et de *La belle Hélène* d'Offenbach données au

Le 14 décembre 1900 fut donnée au Grand Théâtre de Bordeaux la première en France de *Messaline*. Emerveillé par Thérèse Ganne qui tenait le rôle titre, Lautrec s'enferma dans son atelier pour produire des esquisses puis tout un cycle de peintures qu'il expédia à Joyant avec ce commentaire : «I am very satisfied.» Fin 1900, il put aussi entendre le violoniste Jean-Charles Dancla, virtuose confirmé et auteur de nombreuses pièces pour violon, et peignit son portrait après avoir exécuté quelques dessins préparatoires (croquis ci-dessus).

Grand-Théâtre. Devant la fatigue extrême de son ami, Joyant lui propose, pour lui changer les idées, d'organiser une vaste rétrospective de ses œuvres à Paris. Lautrec accepte avec enthousiasme et, pendant cent jours, dans son atelier parisien, veut tout revoir, tout peaufiner, trier et achever certaines esquisses, en éliminer quelques autres, fiévreusement,

❝ Ici *La Belle Hélène* [dessin de gauche] nous charme, elle est admirablement montée; j'ai déjà attrapé la chose. Hélène est jouée par une grosse p... qui s'appelle Cocyte. ❞
Lettre à Maurice Joyant, 6 décembre 1900

comme s'il avait senti la nécessité de cette remise en ordre, la fin approchant. Il appose son monogramme sur tout ce qui lui paraît digne de porter sa signature. En juillet, il peint son ultime toile, *L'Examen à la faculté de médecine de Paris*, où l'on voit son cousin Tapié de Céleyran soutenir sa thèse de doctorat en médecine. Puis il part en laissant son atelier rangé comme s'il s'agissait d'un musée. A la mi-août, une nouvelle crise le conduit d'Arcachon à Malromé auprès de sa mère : il meurt dans ses bras, le 9 septembre 1901, à trente-sept ans.

L'entrée dans l'immortalité

Révélé de son vivant surtout comme un affichiste et un illustrateur, Lautrec ne va pas tarder à connaître la renommée en peinture, quelques années après sa mort, grâce à l'inlassable activité de son ami et marchand Maurice Joyant.

Dès 1902, celui-ci organise une première rétrospective chez Durand-Ruel où les toiles vendues feront des prix importants. La galerie Rosenberg organisera, en 1914, une exposition beaucoup plus exhaustive qui fait connaître l'œuvre de Lautrec à un vaste public. En 1904 Bonnat – l'ancien maître, devenu président de la Commission des musées – s'oppose à l'acquisition par le musée du Luxembourg du portrait de M. Delaporte. Joyant doit ainsi essuyer plusieurs refus de la part de l'Etat, auquel il aurait voulu léguer des toiles de Lautrec. Il réussit à convaincre le Conseil général du Tarn d'ouvrir un

Par son ami le docteur Bourges et son cousin Tapié de Céleyran, Lautrec était depuis longtemps en contact avec le monde médical qui le fascinait. «Si je n'étais peintre, je voudrais être médecin ou chirurgien», avait-il un jour affirmé à Joyant.

Déjà en 1891 Lautrec avait, dans une peinture criante de réalisme,

représenté le célèbre docteur Péan faisant une opération de trachéotomie. Deux ans après la soutenance de thèse de son cousin Gabriel Tapié de Céleyran, qui avait eu lieu le 15 mars 1899, il restitue, sous le titre *Un examen à la faculté de médecine*, la scène à laquelle il n'a pu personnellement assister, étant alors interné à Neuilly. Cette œuvre ultime est traitée avec une volontaire intensité dramatique, dans des couleurs sombres et en pleine pâte. On se croirait dans un tribunal... Bien que faisant figurer le jury par des amis de longue date, il est probable que Lautrec se remémore ses récentes relations avec le corps médical de la clinique du docteur Sémelaigne, relations qu'il avait vécues comme une véritable inquisition.

musée Toulouse-Lautrec dans le superbe palais de la Berbie, résidence épiscopale des évêques d'Albi. L'inauguration aura lieu en 1922 par le ministre de l'Education nationale et des Beaux-Arts en personne, Léon Bérard : reconnaissance tardive, mais reconnaissance nationale tout de même, de l'œuvre de cet aristocrate au corps difforme, qui révolutionna, sans avoir l'air d'y toucher, les rapports entre le peintre et son modèle.

Extraits de vie, fragments de lettres

Correspondance familiale agrémentée de rires et de «poutounégeades», lettres amicales ou courrier professionnel, Lautrec épistolier ne livre à chaque fois qu'un aspect de sa personnalité. Seule la comtesse Adèle eut le droit de tout lire, du moins tout ce que sa morale ne pouvait réprouver. Henri lui ménagea tendresse et franchise, écrites à longueur de vie.

Les numéros des lettres portés en référence sont ceux de la nouvelle édition Gallimard 1992 de la correspondance de Lautrec.

Grands-mères, cousins, cousines, serins, chiens et chats

De 1871 à 1877, Henri entretient, de Paris, une correspondance régulière et chaleureuse avec les membres de sa famille restés dans la région d'Albi. Ses préoccupations sont celles d'un enfant, soucieux déjà parfois de quelques problèmes de santé. A sa grand-mère paternelle, Gabrielle d'Imbert du Bosc (1813-1902), veuve de Raymond Casimir de Toulouse-Lautrec, il envoie ses vœux.

Paris, 30 décembre 1872

Ma chère bonne maman,

Je vous envoie cette lettre avec grand plaisir, car c'est pour vous souhaiter une bonne et heureuse année. Il me tarde de revenir à Bosc au temps des vacances, quoique je ne m'ennuie pas à Paris. Nous sommes en vacances ces jours-ci, et je tâche d'en profiter de mon mieux; malheureusement j'ai des boutons qui me font perdre beaucoup de temps à les gratter. Je vous prie de dire à tante Emilie que mon petit serin Lolo chante très bien, il est fort aimable. Je lui ai acheté une très jolie cage sur mes étrennes.

Adieu, ma chère bonne maman, je vous embrasse de tout mon cœur ainsi que tante Emilie, mon oncle Charles et mon oncle Odon, et je vous prie tous de recevoir mes vœux de bonne année.

Votre respectueux petit-fils

Henry
[Lettre 4]

Une séparation momentanée d'avec la comtesse Adèle, sa mère, permet à Henri d'établir avec elle ce lien épistolaire qu'il poursuivra, à quelques bouderies près, toute sa vie durant.

Paris le 19 juin 1873

Ma chère maman,

Quand je vous demandais à rester je n'avais aucune idée de la douleur qu'on a de se séparer de sa maman; je vous réclame à toute heure et serais bien content de vous revoir.

Cependant croyez que je travaille de mon mieux pour vous faire plaisir. Aujourd'hui je suis retenu à la maison par la pluie. M. Lévi vous présente ses compliments. Je suis seul avec les Lolottes dans la chambre, n'ayant pas fini mes devoirs et bien fâché de n'être pas à côté de vous. Je n'ai pas eu le temps d'écrire de l'anglais. Hier soir j'ai été jeté contre les barreaux qui soutiennent la rampe de l'escalier du Lycée par le fils de Mme Michel sur l'ordre de M. Mantoy. J'ai été porter plainte à sa mère qui l'a fait punir. Le matin nous avons été à la grand'messe.

Adieu ma très chère et bien-aimée maman.

Votre cher coco
H. de T. Lautrec
[Lettre 7 A]

Un amour de cousine

Envers sa cousine Madeleine Tapié de Céleyran (qui mourra prématurément en 1882), Henri manifeste une tendresse très marquée.

Paris, janvier 1874

Ma chère Madeleine,

Je m'empresse de répondre à ta lettre si bien écrite. Tu m'as fait rentrer en moi-même, et je suis honteux d'écrire comme un chat. Il me tarde bien de faire de bonnes parties avec vous tous dans la Gravasse ou dans la grande allée de Céleyran. [...] J'aurais un grand plaisir à me promener avec toi sur les boulevards, où il y a tant de poupées que tu ne saurais laquelle choisir. Je te prie de remercier pour moi marraine et tante Alix de leurs bonnes lettres.

Adieu, ma chère cousine, je te souhaite une bonne année, en t'embrassant de tout mon cœur, et te charge d'en faire autant da ma part à tout le monde.

Ton cousin qui t'aime bien,

Henri de T. Lautrec
[Lettre 9]

«Je suis bien ennuyé d'être boiteux»

Le 1er mars 1877, soit une bonne année avant son premier accident, Henri raconte à sa grand-mère Toulouse-Lautrec les tracas que lui donnent ses jambes.

Ma chère bonne-maman,
[…] Je suis libre ces jours-ci parce que maman m'a retiré de chez mon professeur, pour me faire suivre le traitement de la brosse électrique qui a jadis guéri mon oncle Charles. Je suis bien ennuyé d'être boiteux du pied gauche maintenant que le droit est guéri. Il faut espérer que ce n'est qu'une réaction après mon traitement comme dit le docteur Raymond; je me trouve déjà mieux. Nous irons certainement aux eaux des Pyrénées cette année-ci, n'y viendrez-vous pas avec nous? […]
[Lettre 23]

1878-1879, la période des accidents

A sa famille, à ses amis, Henri a tout le loisir de raconter par le menu la série de malheurs qui le laisseront infirme à vie.

A Raoul Tapie de Céleyran
Albi, 22 mai 1878
Mon cher Raoul,
Je suis bien obligé d'avoir recours à maman pour t'écrire et crois-le bien, cela n'est pas facile et agréable. Comme on te l'a dit je me suis cassé la jambe gauche. On m'a ficelé dans un appareil et je n'ai qu'à rester tranquille. Ma jambe ainsi ne me fait aucun mal. […] Fais mes

tendresses à tous et surtout à mon petit Finet en lui donnant le sage conseil de ne pas casser sa patte.

Ton cousin

Henry-Patte-cassée!!!
[Lettre 27]

Emmené par sa mère en convalescence à Nice, Henri brosse à sa cousine Madeleine un tableau charmant de la Pension internationale où il séjourne et termine avec effusion :

Adieu, mon idéale cousine, je te respecte, et je t'admire, en te priant d'être mon interprète auprès de bonne-maman, Tata, ta maman, ton papa, oncle Odon, tante Odette, Mademoiselle Maurin, Odon, Toto, Bibou, Kiki (embrasse-la cinquante-trois fois), la petite Ermaine, Raymond et Odette. Je te renouvelle l'assurance de ma plus parfaite admiration.

Ton cousin gracieux,

Henry de Toulouse-Lautrec
[Lettre 36]

«Le crime chirurgical»

C'est à son ami Etienne Devismes, qu'Henri fait ses confidences les plus intimes sur ses souffrances physiques. Ils se sont rencontrés en 1878 à Barèges, où tous deux étaient convalescents.

Barèges, septembre 1879
[…] Lundi, le crime chirurgical a été consommé et la fracture si admirable au point de vue chirurgical (pas au mien, bien entendu) a vu le jour. Le docteur était enchanté et il m'a laissé tranquille jusqu'à ce matin. Or donc, ce matin, sous le fallacieux prétexte de me mettre debout, il m'a laissé plier ma jambe à angle droit et m'a fait souffrir quelque chose d'atroce.

Ah! si vous étiez là seulement cinq petites minutes par jour, que mes souffrances futures me paraîtraient envisageables avec sérénité. [...]
[Lettre 44]

Autoportrait pour rire?

Avec sa grande-tante Joséphine du Bosc il plaisante :
Céleyran [1879]

[...] Regardez cette tournure absolument dépourvue d'élégance, ce gros derrière, ce nez en pomme-de-terre... Il n'est pas joli, et cependant après avoir frappé à la porte, et sans s'arrêter au cri

d'étonnement de Flavie la concierge... ça a monté l'escalier aussi vite que ses jambes (cassées deux fois, pauvres jambes!...) le lui ont permis. [...]
H. de T. L.
[Lettre 46]

1881, le ton change

Recalé au bac en 1880, Henri l'obtient en 1881. Mais la grande nouveauté est surtout sa décision de devenir peintre. A sa cousine Madeleine il dédicace ses Cahiers de Zig-zags, «dans le but louable de la distraire un peu des leçons de Madame Vergnettes», un commentaire illustré de son séjour à Nice en janvier 1881.

[...]Nous avons quitté Céleyran par un beau temps, mais boueux car il avait plu. De la crotte. Ayant fait nos adieux à bonne-maman nous avons moisi tour à tour (nous nous relaierons), Maman et moi, dans la salle des «Pas Perdus» comme l'a dit élégamment un employé quand je gardais le panier. [...]
[Lettre 56]

«Je suis aussi rond qu'un Gambetta en baudruche...»

A son oncle Charles de Toulouse-Lautrec, qui a toujours encouragé ses penchants vers la peinture, Henri fait part de ses projets de jeune artiste débutant.

Paris, mai 1881
Prophète!!! Prophète!!!
Cher Oncle, émule de Mahomet vous aviez prédit un poulain alezan et voilà que c'est arrivé. Je viens vous complimenter en espérant que «la mère et l'enfant se portent bien» suivant le cliché. Quelles études en perspective.
Je voulais vous écrire aussi pour mon poulain, car j'en ai un, c'est-à-dire ma palette. Je suis aussi rond qu'un Gambetta en baudruche quand je pense aux compliments qu'on m'a faits. Blague à part, j'ai été épaté.
Princeteau délirait, du Passage pleurait et Papa n'y comprenait rien du tout. On a pensé à tout, on a même rêvé de Carolus-Duran. Enfin voici à ce que je crois le plan qui a le plus de chance.

Ecole des Beaux-Arts, atelier Cabanel et fréquentation de l'atelier de René. J'ai fait le portrait équestre de Louis Pascal. Enfin je radote et j'espère que cela vous fera plaisir puisque c'est vous qui avez allumé en moi l'étincelle crayonneuse.

[…] Tout va bien. Au revoir, au Bosc sous le parasol et sur le pliant.

Que de pochades!!!

Votre neveu Henri
[Lettre 59]

«J'ai tâché de faire vrai et non pas idéal»

Lautrec reçoit de son ami Etienne Devismes le manuscrit de Cocotte, *récit des mésaventures d'une ancienne jument de troupe qui termine sa carrière auprès d'un bon curé de campagne.*

Lamalou-les-Bains, août 1881
[…] J'ai reçu seulement avant-hier votre perle de prose. Je suis ici dans un horrible trou de terre rouge, mais les paysages pourront aller pour Bagnols. Je vais me mettre au travail, mais je veux bien m'identifier votre histoire. Vous êtes vraiment trop bon d'avoir baissé les yeux sur mon crayon misérable qui fera ce qu'il pourra, soyez-en convaincu;

j'espère cependant faire quelque chose sur le sujet Cocotte. Je tâcherai d'être prompt.

[Lettre 61]

Et plus tard, probablement au mois d'octobre de la même année :

Mon cher ami,
J'ai travaillé de mon mieux et vous envoie par le même courrier 23 dessins dont un en double à cause d'un accident. Ce sont des pochades peut-être un peu trop joyeuses, mais il me semble que le texte ne l'est pas moins. Pauvre monsieur le curé? Comme je suis tout à vous, écrivez-moi si vous voulez des modifications et renvoyez-moi, si vous voulez, ceux qui ne vous serviront pas. Si vous vouliez de nouveaux dessins, je suis votre homme, tant je suis heureux que vous ayez jeté les yeux sur mes inspirations rudimentaires… J'ai tâché de faire vrai et non pas idéal. C'est un défaut, peut-être, car les verrues ne trouvent pas grâce devant moi et j'aime à les agrémenter de poils folâtres, à les arrondir et à leur mettre un bout luisant.

Adieu, je vous serre bien cordialement la main et vous prie de présenter mes

hommages respectueux à Madame votre mère et mes amitiés à André.

Un peintre en herbe.

H. de T.-L.
[Lettre 64]

1882, Bonnat

A son oncle Charles, il écrit de Paris, le 22 mars 1882 :

Mon cher Oncle,
Je viens tenir ma promesse de vous tenir au courant. De l'avis unanime, je vais chez Bonnat dimanche ou lundi. Princeteau me présente. J'ai été voir le jeune peintre Rachou, élève de Bonnat et ami de Ferréol, qui commence à travailler seul; il envoie un tableau à l'Exposition.

[...] Encore mes plans. Je me ferai probablement admettre élève à l'École des Beaux-Arts pour participer au concours tout en restant chez Bonnat...

Votre neveu,

H. de Toulouse
[Lettre 71]

A Mme R.C. de Toulouse-Lautrec, Paris, le 6 avril 1882 :

[...] Princeteau m'a mené chez Bonnat le mardi 26 mars. J'avais apporté deux ou trois croûtes, entre autres *Germaine suçant son doigt*. Le Maître a dévisagé l'auteur et l'ouvrage et m'a dit «Est-ce que vous savez dessiner?» – «Je ne suis pas venu à Paris pour autre chose.» – Il a repris : «Oui il y a quelque chose comme couleurs en vous mais il vous faudrait dessiner, dessiner.» Sur ce il m'a remis sa carte et un mot pour son massier (le directeur de l'atelier des élèves). [...] Princeteau est de plus en plus aimable et moi je tâche de me préparer au travail, car il ne faut pas croire que la peinture soit une sinécure.

[Lettre 71]

«Poutounégeades» pour Maman, respects pour Papa

Emancipé de fait, Henri supporte mal l'éloignement de sa mère. Au printemps 1882 il proteste affectueusement :

Ma chère Maman,
Vous êtes-vous cassé le bras, ou avez-vous oublié l'existence de votre lardon? Un petit mot s.v.p. pour me mettre au courant.

Tout va bien ici, je travaille ferme.

Bien des choses, et poutounégeades.

Yours   H.

Il semble qu'Henri n'ait guère jamais écrit à son père que pour lui demander avis ou accord pour les graves décisions à prendre.

Le Bosc, ce jeudi 5 sept. 1882

Mon cher Papa,
Bonnat a congédié *tous* ses élèves. Avant de prendre une détermination j'ai voulu avoir les suffrages de mes amis, et, à l'unanimité, je viens d'accepter un chevalet chez Cormon, un jeune et déjà célèbre, auteur du fameux *Caïn fuyant avec sa famille* qui est au Luxembourg. Talent puissant, austère et original. Rachou m'a télégraphié pour savoir si je consentais à y suivre quelques-uns de mes camarades, et j'ai accepté. Princeteau applaudit à ce choix. J'aurais bien essayé Carolus, mais ce prince de la couleur ne fait que de médiocres dessinateurs, ce qui serait la mort pour moi.

Et puis on ne s'épouse pas? et la gamme des maîtres n'est point épuisée.

[...] Votre fils respectueux

Henri
[Lettre 76]

Chez le maigre Cormon

A son oncle Amédée Tapié de Céleyran, Paris, vendredi 1er décembre 1882 :

[...]Mon nouveau patron [Cormon] est l'homme le plus maigre de tout Paris. Il vient nous voir souvent, et veut qu'on s'amuse à peindre en dehors de l'atelier le plus possible. [...]

Je présente mes hommages amitiés et poutounégeades à ces Dames douairières et demoiselles, et je vous serre majestueusement l'index.

Votre neveu

HMonfa
[Lettre 80]

A sa grand-mère Toulouse-Lautrec, fin décembre 1882, il commente son changement d'atelier.

[...] Ai-je perdu en changeant de Bonnat à Cormon? Je serais tenté de répondre négativement. En effet si mon nouveau patron n'a point *encore* le prestige

étonnant du premier, il apporte à mon initiation toute la fraîcheur de ses illusions premières, un talent qui est en passe d'accrocher la médaille d'honneur de cette année et une bienveillance énorme. Avec ça on peut aller beaucoup plus loin que je n'irai probablement. Enfin je m'en donne à brosse que veux-tu toute la matinée et l'après-midi. J'ai aussi à vous faire part d'une petite pose personnelle. J'ai un tableau… ou du moins une peinture à Pau. Me voilà exposant.

[Lettre 81]

1883-1884, «Je travaille comme un cheval, et n'ai même pas le courage de me promener le soir comme j'en avais contracté la douce habitude.»

A son oncle Charles encore, le 10 février 1883, de Paris :

[…] Je commence à connaître Cormon, c'est l'homme le plus laid et le plus maigre de Paris. Tout par la nécrose. On dit même qu'il boit. Les corrections de Cormon sont bien plus bienveillantes que celles de Bonnat. Il regarde tout ce qu'on lui montre et vous encourage fortement. Vous serez bien étonné, mais j'aime moins ça! En effet, les coups de fouet de mon ancien patron me mettaient du gingembre, et je ne me ménageais pas. Ici, je suis un peu énervé et il me faut du courage pour faire avec conscience un dessin, qu'un à-peu-près remplacerait aux yeux de Cormon. Depuis deux semaines, il a cependant réagi et a brandi quelques élèves dont je suis. Aussi ai-je repris avec ardeur. […]

[Lettre 82]

Enthousiaste, il communique à la comtesse Adèle :

Paris, avril 1883
Vive la Révolution! Vive Manet!

Un vent d'impressionnisme souffle sur l'atelier. Je suis radieux, car j'ai assez longtemps essuyé à moi seul les foudres de Cormon.

Je passe ma journée au travail et le soir chez Pezon, à regarder les fauves.

[Lettre 85]

«Vachages au soleil»

Auprès de son camarade d'atelier Eugène Boch, Henri s'inquiète de la rentrée.

1er sept. 1883

[…] Devant arriver à Paris le 1er octobre, je désirerais savoir si Cormon n'a pas de projets voyageurs pour ce moment-là, si l'atelier est terminé, prêt à abriter nos jeunes crânes frémissants du bouillonnement de l'inspiration, si les camarades sont rentrés, et lesquels.

[…] Je te dispense du récit de mes *vachages* au soleil avec un pinceau à la main et des taches plus ou moins épinard, pistache, olive ou merde sur ma toile. Nous aurons le temps d'en parler.

Je te la serre cordialement, et j'espère recevoir quelques mots précis de toi pour m'esquisser la situation.

La jeune pourriture,

H. de Toulouse-Lautrec

[Lettre 86]

1886-1887, Lautrec délaisse le monde des étudiants de l'art pour rejoindre celui des artistes

Paris, January 1885

Ma chère Maman,

[...] Je suis sur le point d'avoir une commande. Je faisais un petit dessin au Café Américain, quand un journaliste que je connais l'a montré à M. Conty, le faiseur des guides Conty, qui en fait un sur Nice et Monte-Carlo. Le dessin lui a plu et je suis en train de lui faire la Fête des fleurs pour son guide. Ce sera peut-être le filon d'or rêvé.

Vous voyez que si la fortune vient en dormant, elle vient quelquefois en buvant.

Henri

Ses courriers font de plus en plus souvent allusion au besoin d'argent : «Envoyez-moi l'or du terme» et autres jolies formules.

Paris, fin 1886

[...] Je vais à merveille et attends Bourges qui a des projets d'installation avec moi. Il faut voir. Je viens d'écrire à papa pour money. De votre côté envoyez-moi 300 F au plus tôt, lettre chargée, c'est plus simple. Je pense que cela suffira pour le moment, mais on n'est sûr de rien [...] *Je vais travailler ferme et tâcher de ne pas boire.* Le doux Albert vous présente ses devoirs et moi vous embrasse autant que le pauvre me le permet [...]

[Lettre 134]

Ce qu'on peut dire à la mère de son père et qu'on ne peut lui dire à lui

Paris, 28 décembre 1886

[...] Je ne suis pas du tout en train de régénérer l'art français et je me débats contre un malheureux papier qui ne m'a rien fait et sur lequel, croyez-moi, je ne fais rien de bon.

Je voudrais vous parler un peu de ce que je fais, mais c'est tellement spécial, tellement «hors la loi». Papa me traiterait, bien entendu, d'outsider. J'ai dû faire des efforts puisque, vous le savez aussi bien que moi, et contre mon gré, je mène en plein la vie de bohème et je ne m'habitue guère à ce milieu. Je suis d'autant moins à mon aise sur la butte Montmartre que je me sens retenu par un tas de considérations sentimentales qu'il me faudra absolument oublier si je désire arriver à quelque chose [...]

[Lettre 137]

1888-1891, «Gaudeamus»

Lautrec commence à vendre, à être demandé, exposé, commenté. Avec une certaine fierté, il entretient régulièrement la comtesse Adèle de la marche de ses affaires :

Paris, janvier 1888

Ma chère Maman,

Je suis, depuis deux jours, d'une humeur massacrante, et ne sais comment ça va tourner. Le ciel est inclément, et nous arrose avec une désinvolture qui prouve peu les faveurs des sentiments du père éternel à l'égard des peintres de plein air. A part ça, les affaires vont. J'expose en février en Belgique, et deux peintres belges intransigeants étant venus me voir ont été charmants, et prodigues d'éloges, hélas, immérités. – J'ai de plus de la vente en perspective, mais il ne faut pas

canta abaud d'avé fa l'iovu.
Je vais à ravir, et vous embrasse.
Gaudeamus.
Yours,

Harry

Paris, 9 janvier 1888
[…] J'ai été chez Van Gogh qui m'a dit qu'une de mes peintures de cet été va être vendue cette semaine au directeur de la photoglyptie Goupil. M. Manzi que je connaissais déjà depuis longtemps, ce qui d'un côté m'oblige à lui faire un prix d'ami et de l'autre l'avantage de faire que ma peinture sera vue par un tas de gens. Je suis donc satisfait. Gaudeamus igitur!!

[Lettre 158]

Vernissages en séries

Paris, septembre 1889
Ma chère Maman,
Nous avons été absorbés par la grande joie du vernissage [du Salon des indépendants] qui a été assez gai, malgré la pluie battante. Oncle Odon et ma tante y étaient et m'ont demandé quand et comment vous allez arriver.

[Lettre 170]

Paris, mars-avril 1890
[…]Je suis encore sous le coup du second vernissage [celui du sixième Salon des indépendants où il exposa *Au Moulin Rouge, la danse* et *Mademoiselle Dihau au piano*]. Quelle journée!! mais quel succès. Le Salon a reçu là une gifle dont il se relèvera peut-être, mais qui donnera à réfléchir à bien des gens.

[Lettre 175]

Paris, janvier 1891
[…] J'ai ouvert hier l'exposition Volney. Mes tableaux ne sont pas trop mal placés mais dans une lumière qui ne vaut pas celle de l'année dernière.

J'ai vendu deux études de danseuses à Manzi, chef de l'Héliogravure Goupil. Vous l'avais-je dit?

[Lettre 185]

L'humeur joyeuse

Au printemps 1891, grisé par le succès, Henri se laisse aller, et termine sa lettre par des salutations humoristiques :

[…] Adieu, my dear, embrassez mémères et autres ornements de notre arbre généalogique et croyez-moi,
yours

[Lettre 189]

A l'automne, c'est de mets délicieux qu'il s'enquiert en même temps qi'il donne des nouvelles.

[…] La saison des foies est-elle ouverte? Si oui, pensez à m'en faire envoyer 12 boîtes. Je relis ma lettre, et lui trouve un caractère gastronomique. Mon affiche [*La Goulue au Moulin Rouge*] est collée aujourd'hui sur les murs de Paris, et je vais en faire une autre [*Le Pendu*] .

1892, Roger Marx…

Lautrec fait la connaissance de Roger Marx, écrivain et critique d'art qui sera toujours pour lui un précieux soutien auprès du public

Paris, 12 avril 1892
Cher Monsieur,
Ibels me dit que vous voulez photographier une de mes Goulues. Je vous autorise à toutes les photos que vous voudrez. Mais pas d'interprétation par un dessinateur, comme dans le magazine de fâcheuse mémoire [Lautrec fait probablement allusion à ses problèmes avec Jules Roques du *Courrier français*].
A vous,

H. T. Lautrec
[Lettre 218]

Et le «plouf» de la famille Pascal

Bouleversé par la faillite qui frappe sans rémission ses cousins Pascal, Lautrec essaie, par toute une série de lettres, de sensibiliser sa mère qui serait plus encline à blâmer qu'à secourir.

Paris, juin 1892
[...] Ce que vous me dites de Respide était prévu, mais vous savez ma façon de voir là-dessus. Il n'y a rien à faire, laissez vos sentiments vous guider et écrivez-moi. Je suis, malheureusement, trop sceptique pour croire à la reconnaissance, mais il ne faut pas oublier que nous avons trouvé à Respide ce que nous avons vainement cherché ailleurs, un *home*.

[Lettre 228]

Paris, samedi 31 juillet 1892
[...] Les Pascal n'ont plus *rien*. Ecrivez donc, quoi qu'il vous en coûte, pour offrir à ma tante une pension *provisoire* chez Pérey, ce qui me semble le plus pratique. [...] Ecrivez à ma tante de votre côté, car, malheureusement, ce sont à des gens *à terre* que nous parlons à présent, ne l'oubliez pas, et mettez toute susceptibilité, *quelque fondée qu'elle soit*, de côté. Soyez charitable *tout à fait*.

[Lettre 238]

Parlant de la triste situation de son cousin Louis, «avec chiffres à l'appui» Lautrec continue à exhorter :

Taussat, 20 août 1892
[...] Il faut que nous le sortions de là absolument, si vous ne voulez pas qu'il

sombre définitivement, et que tout ce qui a été fait jusqu'à présent soit perdu. Il fait de son mieux pour vivre avec le peu d'argent qu'il a, mais il lui est matériellement impossible de liquider son arriéré si vous et mon oncle (à qui Gabriel écrit de son côté) ne le sortez pas de là.

[Lettre 242]

Paris, 23 octobre 1892

[...] Autre guitare – j'ai dépensé 70 francs d'hôtel, voitures, etc. pour ma tante. De plus elle a en gare plusieurs caisses de linge, etc. sauvées du naufrage de Respide. Bonnefoy les gardera dans un de ses dépôts jusqu'à ce qu'on puisse s'en servir. *Il y a aussi dans ces malles des*

vêtements à elle et à Joseph. Bourges paye la part de Joseph mais celle de ma tante est de 100 francs. Ce chiffre vous paraîtra peut-être exagéré mais songez qu'à moins de la remonter comme garde-robe à neuf il est impossible de laisser ces caisses à la gare où les frais d'emmagasinage courent. [...]

Maintenant au risque de passer pour un rasoir, je vous prie de venir une dernière fois au lieu de faire comme l'autruche et d'attendre que ma pauvre tante soit tombée malade ce qui pourrait bien arriver.

[Lettre 252]

L'homme des Flamandes

Emile Verhaeren (1855-1916), poète et critique d'art belge joua un grand rôle dans les échanges artistiques entre la France et la Belgique. Il avait remarqué Lautrec aux XX en 1891.

Paris, octobre 1892

Mon cher Verhaeren,

Vous m'avez dit de vous communiquer quand il sortirait quelque chose de moi. Il vient de paraître une estampe originale en couleurs de *La Goulue au Moulin Rouge.* La gravure est par moi d'après mon tableau ou plutôt c'est une interprétation très transposée dudit. Pour l'avoir vous n'avez qu'à vous adresser à M. Joyant (chez MM. Boussod et Valadon Goupil et Co. 19 bd Montmartre). Le prix est de un louis. Les épreuves sont numérotées de 1 à 100 et les pierres effacées devant moi.

J'espère que ce n'est que le premier numéro d'une série dont je fais ma chose et qui aura au moins le mérite d'être très limitée et par conséquent rare.

Cordialement à vous.

H.T. Lautrec
[Lettre 246]

La grande période des affiches

Paris, décembre 1892

Ma chère Maman,

Votre sympathie naturelle ne peut manquer de s'émouvoir de la bonne fortune qui m'arrive. M. Jules Coutaut qui était à Nice avec nous a parlé de moi à Yvette Guilbert, la chanteuse fin de siècle, et hier dans sa loge elle m'a demandé de lui faire une affiche. C'est le plus beau succès que je pouvais rêver – car elle a été déjà interprétée par les plus célèbres et il s'agit de faire quelque chose de très bien. La famille ne savourera pas à ma joie, mais vous c'est différent.

Affaires belges encore

Avocat, journaliste, écrivain et critique d'art belge, Octave Maus (1856 - 1919) fonda la revue L'Art moderne *avant de créer le groupe des XX en 1883. La nature de ses rapports avec Lautrec ne fait aucun doute : encadrer, informer, mais surtout vendre.*

Paris, 27 janvier 1893

[...] Envoyez-moi la note de l'encadreur de l'Exposition. Puis renvoyez-moi les épreuves qui sont distraites d'un tirage numéroté et dont je suis responsable. Une (la plus grande) [couverture de *L'Estampe Originale*] sert de commentaire à une publication où tous les jeunes collaborent. Soyez assez aimable, mon cher ami, pour me dire qui pourrait être notre correspondant à Bruxelles. Le directeur est Marty, 17 rue de Rome, Paris. Ecrivez-lui directement ou à moi. On enverra des spécimens, et des tarifs. Je crois que ça ne sera pas mal. Pour les autres gravures (*La Goulue*) et (*L'Anglais au Moulin-Rouge*) on doit

s'adresser à la Maison Goupil, 19 bd. Montmartre, seule dépositaire de mes estampes Originales. Le prix est de 20 F. Mon tableau la Goulue est à vendre 600 F et l'autre (dans le lit) 400 F. Quand ouvrent les XX. Ecrivez ou télégraphiez. Je tâcherai d'y être et pardon de tous les tracas.

Vôtre,
H. T. Lautrec
[Lettre 269]

La reliure d'art

Lorrain d'origine, Roger Marx avait mis Lautrec en relation avec l'artiste nancéen René Wiener. Lautrec exécuta les cartons de deux reliures qui furent réalisées par ses soins : L'Art impressionniste *et* La Tauromachie *de Goya. Les lettres de Lautrec à l'occasion de ces travaux témoignent de sa grande exigence sur le plan technique.*

Paris, mars-mai 1893

Mon cher Monsieur,
Voici deux calques, un du trait que je vous prie d'observer *religieusement* en maintenant le tout *très nerveux*, la tête et le bec surtout. Quand [sic] au bateau, la photo vous renseignera. Le corps de l'oiseau est *noir vert* avec les plumes en mantelet plus clair – le collier et la joue sont jaune orangé – l'œil vert malachite, le ciel outremer foncé et la plaque d'eau *à droite outremer plus clair*, l'eau est vert *émeraude*; quant au bateau et au sable gardez le fond cuir.

La partie intérieure du bec est *gris jaune* plus clair que le fond du cuir et la gorge est blanc un *peu crème*.

J'espère, Monsieur, qu'ainsi vous pourrez réussir et serai heureux de savoir le résultat.

Bien à vous,
H. de Toulouse-Lautrec
[Lettre 290]

Marty, Geffroy, Lautrec : l'Album d'Yvette

Paris, 10 décembre 1893

Mon cher Marty,
En venant à *La Justice* demain *lundi*
apportez, je vous prie, des échantillons
des caractères de votre imprimerie pour
que Geffroy choisisse, il me l'a bien
recommandé.

[Lettre 327]

Paris, décembre 1893

Mon cher Geffroy,
Marty est ravi de mettre votre projet
d'Yvette Guilbert à exécution. Préparez
la plaquette à votre aise. J'en ferai autant
des dessins. Maintenant quel titre
voulez-vous donner à la chose. Un petit
mot s'il vous plaît à ce sujet pour
l'annonce : «Yvette» pur et simple ne
serait pas mal.

D'après Yvette, un peu trop belge.
Voyez et répondez-moi.

[Lettre 328]

L'argent du beurre...

Paris, 29 décembre 1893

Ma chère Bonne-Maman,
[...] Vous verrez ou vous avez vu le
célèbre Docteur Gabriel qui vous aura
raconté nos nombreux travaux, lui
sanguinaire et moi imprimeur. Il
vous aura peut-être dit que mon
camarade Bourges se mariant,
je suis forcé de changer
d'appartement, ce qui n'est
pas fort amusant, mais j'ai
trouvé dans la maison
même de mon atelier
un local fort
convenable. J'ai la joie
ineffable de faire mes comptes et
de savoir, le prix exact (?) du beurre,
c'est charmant.

[Lettre 332]

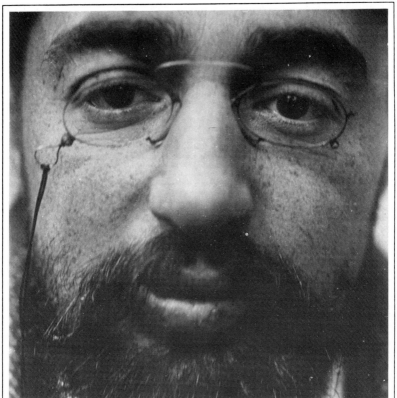

Je travaille à force. Vous aurez bientôt des envois. Où faut-il les envoyer, boulevard des Capucines ou rue Forest? Ordres.

J'en profite pour vous taper deux ou trois exemplaires du théâtre sur *L'Assommoir*. Envoyez tout cela rue de Caudéran, à Bordeaux. Ici, *La Belle Hélène* nous charme, elle est admirablement montée; j'ai déjà attrapé la chose. Hélène est jouée par une grosse p… qui s'appelle Cocyte.

Viaud t'embrasse et moi aussi, yours,
T.-L.
[Lettre 598]

Bordeaux, mi-décembre 1900
Mon cher Maurice,
As-tu des photos, bonnes ou mauvaises, sur *Messaline*, de Lara. Je suis attelé à cette pièce, mais plus je serai documenté et mieux cela vaudra. La presse a été fort aimable pour mes navets. Je te serre dans mes bras.
Yours,
T.-L.
[Lettre 601]

Sa dernière lettre à Joyant est… un reçu, d'une somme de trois mille francs pour la vente de Jane Avril sortant du Moulin Rouge.

champs de courses, dans les vélodromes qui étaient alors à la mode, dans les music-halls, au cirque et dans tous les endroits de plein air.

Il adorait le sport et rien n'intéressait plus ce petit homme contrefait que la vue, dans un paddock ensoleillé, d'un pur-sang à la marche souple et nonchalante ou, sur une piste, celle d'un coureur aux muscles puissants et élégants.

Tristan Bernard était, à cette époque, directeur sportif du vélodrome Buffalo où l'on pouvait le voir, chaque jour, très affairé, le chapeau en arrière, un pistolet à la main, donner le départ des différentes épreuves au milieu d'un aréopage de journalistes et de chronométreurs.

Lautrec, avec lequel il était lié, n'avait donc eu aucune difficulté pour obtenir ses grandes et ses petites entrées dans les coins et recoins du vélodrome.

Il y passait ses matinées, trottinant joyeux à droite et à gauche, au milieu de la piste, et dans le quartier des coureurs.

Sa petit taille croisait d'énormes athlètes dont il admirait la force ou la tête bestiale. Le moindre détail de leur habillement l'amusait.

Une longue silhouette, nez en avant, sans épaules et voûtée, le suivait à quelques pas. Lautrec de temps en temps se retournait vers elle et, lui désignant quelque brute bien musclée dont la carrure lui en imposait, il murmurait, en levant un doigt, ces seuls mots :

— Il est chouette!

Son maigre cousin l'approuvait d'un hochement de tête silencieux. Il arborait, pour ces sorties matinales, un petit pardessus mastic, court comme un veston, et une paire de gants de peau, roses comme des mains nues. [...]

Si les infirmités de Lautrec ne lui permettaient de pratiquer aucun

exercice, son esprit était très sportif. Et il m'assura plusieurs fois que s'il avait été construit comme tout le monde, au lieu de faire de la peinture il aurait chassé à courre.

Paul Leclercq,
Autour de Toulouse-Lautrec, 1954

Au Moulin Rouge

L'écrivain et critique Gustave Coquiot est connu pour ses ouvrages d'histoire de l'art, notamment sur Van Gogh et Seurat. Son témoignage sur Lautrec est celui d'un critique et d'un ami.

Le coup pour Lautrec, je l'ai reçu, un soir, il y a bien longtemps, en entrant au Moulin Rouge. Deux de ses extraordinaires peintures, si je m'en souviens bien, étaient exposées dans l'escalier; et, de ma vie, certes, je n'oublierai ce Cirque Fernando et ce Bal qui m'apparurent si étranges et si inédits. [...]

Comme je regardais, on me jeta ce nom : Henri de Toulouse-Lautrec.

Tout de suite, mon imagination se débridant, je me dis, je vous le certifie, que ce peintre-là ne devait point, physiquement, ressembler aux autres. Oui, ses peintures décelaient vraiment pour moi un être bizarre, tout à fait en dehors du type-peintre généralement admis. Etait-ce un acrobate qui faisait, à ses heures, de la peinture? un clown ou un écuyer? Pour la nouveauté du fait, je me mis à m'appesantir sur mon idée. Et tout, bientôt, l'enracina. Si bien que, revenu un autre soir devant les deux tableaux, il me fut toujours impossible, je le répète, de concevoir leur peintre sous une autre forme que déconcertante et anormale. [...]

Ah! nous étions loin des pacifiques dondons imaginés par d'autres dessinateurs de la Femme, par ce

Constantin Guys, par exemple, duquel on a voulu, plus tard, faire dériver Lautrec, tant les sottises sont aisées à proférer !

En tout cas, je n'arrivais point à m'arracher à ces faces en lame de couteau, à ces chignons tordus à larges coups de brosse. Les yeux surtout, quels yeux guetteurs, sous la paupière battue comme une persienne ! Et ces profils secs, ces gorges lourdes ! Ah ! quelle ménagerie, dont je sentais vraiment tous les entêtants remugles !... J'admirais encore... quand un ami me prit par le bras et m'entraîna dans le bal.

> Gustave Coquiot,
> *Henri de Toulouse-Lautrec*, Paris, 1913

Aux bains de mer

Il passait les mois de juillet et d'août, et quelquefois tout septembre, à Arcachon. Il vivait les après-midi dans l'eau, passionné de natation, et si tempérant, par peur de se noyer, que sa santé était un étonnement. [...]

De sa villa Denise, on le voyait descendre pieds nus, un pantalon de laine rouge relevé jusqu'aux genoux, et le torse serré dans un jersey bleu. Un chapeau sur sa tête ; le plus souvent sa casquette d'officier de marine, mais toujours sans galon.

Son autre passion, à Taussat, c'était d'apprivoiser des cormorans. Il se faisait accompagner souvent de l'une de ces bêtes ; tous deux, ils rôdaient sur la plage en se dandinant ; et Lautrec ne trouvait pas, après tout, son compagnon plus ridicule que le homard qui suivait Gérard de Nerval.

Il variait ses plaisirs d'été en se déguisant, en organisant des réunions orientales ; et, tel un muezzin, il montait à la dernière fenêtre de sa villa, pour appeler les fidèles à la prière.

> Gustave Coquiot, *op. cit.*

Au bordel

Depuis un certain temps, Lautrec s'évadait de Montmartre et disparaissait des jours entiers ; à ses amis intimes, la clef du mystère fut vite donnée : certaines maisons closes de la rue des Moulins, de la rue d'Amboise, de la rue Joubert, étaient devenues son quartier général d'études.

Là était le nu, le nu en mouvement, non le nu conventionnel d'atelier avec des modèles qui hanchent, prennent la pose en disant : «Moi, j'ai posé pour Bouguereau ou pour M. Cabanel. Moi, je ne pose pas l'ensemble, mais je pose la tête chez M. Henner.»

Lautrec en avait assez des modèles professionnels ; il lui fallait des êtres encore plus près de la nature, dont les

gestes, les attitudes ne fussent point entravés. Il lui fallait de l'animal en liberté de mouvement. Et dans les maisons closes, pendant que certains de ses amis docteurs justifiaient aussi leur présence en se livrant à des études sur les nerfs et sur les cœurs de sujets souvent bons pour la Salpêtrière, Lautrec peignait, dessinait sans trève, observant dans le détail la vie des recluses.

Maurice Joyant,
Henri de Toulouse-Lautrec, Paris, 1927

A la Une

A la suite de son internement, une polémique se déclenche dans la presse. Alexandre Hepp, dans Le Journal *et surtout Emile Lepelletier, dans* L'Echo de Paris, *fustigent l'homme et dénigrent son œuvre. Son ami Arsène Alexandre prend sa défense dans un article retentissant du* Figaro.

Les amis de Toulouse-Lautrec diront qu'ils ne sont pas surpris, cela devait finir ainsi, Toulouse-Lautrec avait la vocation de la maison de santé. On l'a enfermé hier, et c'est maintenant la folie qui, à masque découvert, signera officiellement ces tableaux, ces dessins, ces affiches où elle était anonyme, si longtemps. [...]

Mais c'est dans l'appréciation des réalités, que se révélait surtout cet état de candidat à la folie. Les conversations de Toulouse-Lautrec semblaient procéder d'une entreprise générale de démolitions. Pour ce talent, personne n'avait de talent, pour ce cœur, nul n'avait de cœur. Le monde n'était fait que de crétins, de misérables, de salauds; tous les hommes à Sainte-Anne, à Mazas, à l'Aquarium; pour les femmes, c'était plus simple encore, les prés où paissent les bonnes vaches.

Alexandre Hepp,
extrait du *Journal*, 26 mars 1899

Chez les fous

On a plaint en chœur, avec un ensemble touchant, sans note discordante, le peintre Toulouse-Lautrec, qu'on a conduit ces jours-ci dans une maison de santé.

Cette chute brusque dans le noir et cet évanouissement dans l'informe impressionnent toujours. Parmi les milieux artistiques, littéraires, mondains, cette extinction d'une flamme d'artiste préoccupe comme un avertissement, effraie comme une menace. Peu sensibles d'ordinaire aux infirmités, aux accidents qui atteignent les camarades, nous sommes émus devant le terrible point d'interrogation de la folie. [...]

Nous avons tort de le plaindre, il faut l'envier. Ce sont les fous, et non les gueux, comme a sottement chansonné Béranger, qui sont les gens heureux; la condition de l'homme est si baroque, si atrocement détestable, si cruellement ballottée entre le désir impuissant et l'assouvissement incomplet, que le seul endroit de la terre où l'on puisse espérer rencontrer le bonheur, c'est encore un cabanon dans une maison de fous. Ah! ce veinard de Toulouse-Lautrec! Il est juste de dire qu'il avait assez souffert pour goûter la guérison, et qu'il méritait bien, après les épreuves de la demi-folie où il se débattait comme la plupart des hommes, de jouir enfin du néant divin de la pleine folie.

E. Lepelletier,
extrait de *L'Echo de Paris*, 28 mars 1899

A l'imparfait du subjonctif

Comme parfois à Paris, on se donne peu la peine de savoir la vérité quand on a deux pas à faire pour la connaître! Comme on cherche peu à deviner les visages sous les masques! Cette ville est sublime, elle abonde en grands talents, en esprits sérieux et profonds, et parfois elle prend des airs de pétaudière qui déconcertent. [...]

Ce qu'on a écrit sur Lautrec est stupéfiant. C'est à croire que pas un de ceux qui lui consacraient des colonnes entières l'ait jamais connu. D'après ces articles, le pauvre garçon serait perdu, condamné à mort par les médecins, voué à la paralysie générale, il ne s'est jamais mieux porté. Il serait fou, il aurait perdu la mémoire, l'usage de ses yeux qui voyaient d'une façon si drolatique et si aiguë, de ses mains qui maniaient le crayon d'une façon si mordante et si déliée : il dessine encore à merveille et il est fort en train. Il avait été, disent les uns, un détraqué pitoyable, un misérable déséquilibré, et c'est un artiste remarquable. Un bohème courant après la pièce de cent sous, et il a une fortune suffisante pour travailler à sa guise. Il aurait peu produit, ayant de l'éloignement pour toute besogne un peu sérieuse : il a dessiné depuis quinze ans

avec une véritable passion, une véritable fureur et produit une œuvre considérable. A part cela, tout ce qu'on a écrit de lui est à peu près exact. [...]

Or, voici ce que j'ai vu.

Dans un endroit près de Paris, supposez que c'est à Vincennes, à Saint-Cloud, ou ailleurs, je suis entré dans une maison qui est à proximité de la Seine et dans le voisinage des bois. Une maison tout bonnement adorable, construite sous Louis XVI pour quelque tout-puissant et opulent commis qui n'y a rien ménagé. [...]

Seulement, là est l'angoisse. Pris au piège et désintoxiqué de force, il est redevenu sain et lucide. Mais quand il sera sorti de là, demain, ou dans quinze jours ou dans trois mois? Quand il flairera de nouveau ces odeurs de gin, de bière, d'absinthe ou de rhum qui sortent, comme de malsaines vapeurs d'entre les pavés de ce Paris, à certaines heures et dans certaines rues?... Quand la volée d'indifférents rieurs, de bons garçons parasites, de bizarres et douteux flâneurs se sera de nouveau abattue, avec d'autant plus de curiosité qu'il reviendra de plus loin, sur cette proie et ce jouet trop facile, quand ses amis vrais seront redevenus presque impuissants à le défendre contre lui-même, qu'arrivera-t-il? [...]

C'est égal, j'ai été rassuré, et je rassure. C'eût été trop triste! Maintenant, si quelques-uns me reprochent d'avoir parlé très sérieusement d'un homme dont beaucoup s'amusèrent sans le comprendre, je répondrai que c'est un plaisir de justice qui n'a d'égal que celui de se moquer de certains qui sont pris, avec moins de raison, trop au sérieux.

Arsène Alexandre,
extrait du *Figaro*, 30 mars 1899

Nécrologie : morceaux choisis

« De même qu'il y a des amateurs enthousiastes des courses de taureaux, des exécutions capitales et autres spectacles désolants, il y a des amateurs de Toulouse-Lautrec. » Le ton est donné... *« Lautrec, lui, s'amusait dans la vie, avec la liberté souveraine d'un petit garçon dans un square. »* Autre regard, heureusement...

Il est heureux pour l'humanité qu'il existe peu d'artistes de son genre.

Un dessinateur, M. de Toulouse-Lautrec, dernier rejeton d'une des familles les plus nobles et les plus vieilles de France, vient, paraît-il, de mourir à trente-sept ans, dans une maison de santé où il avait dû être interné à plusieurs reprises.

C'était au physique un des êtres les plus disgraciés de la nature, une sorte de Quasimodo qu'on ne pouvait regarder sans rire. Est-ce à cause de cela qu'il prit l'humanité en grippe et s'appliqua, pendant les quelques années de sa vie artistique, à déformer, caricaturer, avilir tout ce qu'il prit comme modèle? Ne pouvant espérer faire naître aucun sentiment, il se vengea de l'amour, s'acharnant à rendre ridicules, ignobles, crapuleuses ou trivialement obscènes les filles de Montmartre que d'autres auraient vues avec plus d'humanité et même avec certaine pitié empreinte de poésie.

Quoique très propriétaire et très bien renté, Toulouse-Lautrec se donnait des airs de bohème montmartrois.

Grâce à sa situation de fortune et aux relations qu'il possédait par sa famille, il put éditer la plupart de ses lithographies, et des critiques d'art «s'intéressèrent» à lui.

De grands journaux le comparèrent très sérieusement à Goya. C'est ce qui le perdit. Les artistes statufiés de leur vivant, vivent peu. Toulouse-Lautrec devint fou. On l'enferma. Remis en liberté, il ne sortit plus qu'accompagné. La dernière fois que je le vis, il y a un mois, c'était au Pavillon d'Armenonville, à l'heure du déjeuner, regardant d'un air stupide et vague le défilé des élégantes à la mode.

Toulouse-Lautrec m'avait été présenté il y a quelques années, et c'est,

je crois, au *Courrier Français* que parurent ses premiers dessins, dont les originaux ne purent être vendus, à l'époque, plus de six francs à l'Hôtel Drouot. La réclame ne l'avait pas encore déclaré célèbre.

Au moral, c'était un haineux, indifférent à toute manifestation noble.

Très ferré sur le Code civil et commercial, il n'aurait pas, lui, artiste riche, fait grâce d'un centime aux malheureux marchands d'estampes, dépositaires de ses œuvres. Comptable doublé d'huissier, il excellait à mettre en mouvement tout l'appareil judiciaire et à faire pleuvoir le papier timbré dès qu'il se croyait lésé dans ses intérêts, même pour des sommes infimes.

— Ne voudriez-vous pas, une fois, faire un être joli? lui demandait-on.

— Je le voudrais que je ne pourrais pas, répondit-il, c'est malgré moi.

De même qu'il y a des amateurs enthousiastes des courses de taureaux, des exécutions capitales et autres spectacles désolants, il y a des amateurs de Toulouse-Lautrec.

Il est heureux pour l'humanité qu'il existe peu d'artistes de son genre.

Le talent de Lautrec, car il serait absurde de lui dénier du talent, était un talent mauvais, d'une influence pernicieuse et attristante.

Jules Roques,
extrait du *Courrier Français*,
15 septembre 1901

Le crayon de Lautrec flagelle, le crayon de Lautrec marque au fer rouge, pour le bagne, pour la mort...

Comme le caricaturiste André Gill, le caricaturiste H. de Toulouse-Lautrec vient de mourir, dans une maison de santé, après des crises furieuses, après une lutte atroce et énergique pour la guérison, pour la vie.

Déjà, voici trois ans, Toulouse-Lautrec avait été enfermé; mais il avait pu sortir de l'horrible maison de fous et reprendre le train coutumier de sa vie; on l'avait revu, à cette époque, dans Paris, promenant sa face ravagée et prononçant des phrases incohérentes; il était marqué, dès ce moment, pour la mort... Peu après, il dut retourner dans l'affreuse maison où il vient de s'éteindre.

Dernier rejeton d'une des familles les plus nobles et les plus vieilles de France, de ces comtes de Toulouse qui possédaient le droit antique de conclure, avec les filles de leurs rois, des mariages; descendant d'un des chefs les plus illustres de la première Croisade. Toulouse-Lautrec était petit, gros; il avait l'air d'un gnome monstrueux, avec sa courte taille, avec sa tête lourde, et ses yeux sortant de leur orbite... Bancroche, avec cela, Toulouse-Lautrec offrait le lamentable spectacle d'un des êtres les plus disgraciés de la nature; c'était Quasimodo.

A Montmartre, il n'était pas un garçon de café, pas un maître-d'hôtel, pas une femme, qui ne connût ce nain difforme dont la générosité était proverbiale. Dans les tavernes, dans les restaurants de nuit, cet homme, qui ressemblait à un fou du Roi, passait sa vie à étudier le Paris du vice, le Paris de la fête, le Paris de la noce, le Paris de l'orgie. Et ces études nous ont valu «Le Pendu», «Reine de Joie», «Babylone d'Allemagne», «La Goulue et sa Sœur», et cent œuvres en lesquelles sont dépeints le vice grotesque, la fête ignoble, et la noce crapuleuse...

[...] Lautrec ne pouvait être mieux jugé; son talent est fait d'amère perversité et de joie terrible. Le crayon de Lautrec flagelle, le crayon de Lautrec marque au fer rouge, pour le bagne, pour la mort... Mais à vouloir vivre, lui, maladif, lui, fragile, dans ces milieux effrayants, Toulouse-Lautrec a été pris de la folie de ses personnages, de la folie de ses héros; à voir éternellement des fous tournoyer autour de lui, il est devenu fou, lui aussi... Son œuvre l'a accablé, son œuvre l'a tué...

Lautrec laisse quarante toiles, au plus, quarante toiles représentant des scènes de Montmartre, il laisse des affiches très curieuses, et notamment un Bruant extraordinaire; il laisse encore des centaines de lithographies et des études pour des tableaux jamais exécutés.

Lautrec, parmi les peintres de notre époque, laissera certainement la trace de son talent curieux, de son talent mauvais, le talent d'un être difforme, qui, autour de lui, voit tout en laid et qui exagère les laideurs de la vie, en en signalant toutes les tares, toutes les perversités, toutes les réalités...

E. Lepelletier,
extrait de *L'Echo de Paris*,
10 septembre 1901

Une certaine célébrité dans le genre laid.

Nous venons de perdre, il y a quelques jours, un artiste qui s'était acquis une certaine célébrité dans le genre laid. Je veux parler du dessinateur Toulouse-Lautrec, être bizarre et contrefait qui voyait un peu tout le monde à travers ses tares physiologiques.

Toulouse-Lautrec, qui prétendait descendre des comtes de Toulouse, s'était consacré à la caricature grotesque et un peu obscène.

Il prenait ses modèles dans les bouis-bouis, les tripots, les bals de barrière, partout où le vice déforme les visages, abrutit la physionomie et fait monter à la face les laideurs de l'âme. Ses types préférés étaient le souteneur, la gigolette, le pâle voyou ou l'alcoolique. A force de fréquenter ce joli monde et de se vautrer dans ces abjections, Toulouse-Lautrec avait fini par en subir lui-même la contagion.

Il est mort misérablement, ruiné de corps et d'esprit, dans une maison de fous, en proie à des accès de folie furieuse.

Triste fin d'une triste vie!

Jumelles,
extrait du *Lyon Républicain*,
15 septembre 1901

C'était vraiment un être libre. Mais il n'y avait aucun parti pris dans son indépendance

Tristan Bernard, qui le connut en pleine maturité de son talent et en pleine force d'esprit, a bien défini Lautrec :

«Que ce grand petit homme était un individu prodigieux! Quand, si jeune encore, il nous a quittés, quelqu'un a dit que ce n'était pas une mort, et que cet étrange Lautrec était simplement rendu au monde surnaturel...

«Nous découvrons maintenant que Lautrec ne nous paraissait surnaturel que parce qu'il était naturel à l'extrême.

«C'était vraiment un être libre. Mais il n'y avait aucun parti pris dans son indépendance.

«Il ne méprisait pas les idées toutes faites : il n'en subissait en aucune façon l'autorité... Mais le dédain qu'il avait pour elles était si peu systématique qu'il lui arrivait très bien d'en adopter une à l'occasion, si elle lui avait semblé justifié. Les opinions de ce véritable indépendant pouvait fort bien se rencontrer, par le fait du hasard, avec celles de tout le monde, c'était parce qu'il suivait son libre chemin qu'il se trouvait inopinément sur

la promenade publique où il n'était attiré par aucune habitude sociale, ni par l'heure de la musique.

«Lautrec, lui, s'amusait dans la Vie, avec la liberté souveraine d'un petit garçon dans un square.

«Je vous le dis, ce petit homme était le maître du bord et ne suivait que sa foi.»

Cité par Maurice Joyant,
Henri de Toulouse-Lautrec, II, Paris 1927

Le musée Toulouse-Lautrec à Albi

Installé dans le beau palais de la Berbie devenu, lors de la séparation de l'Eglise et de l'Etat en 1905, propriété du département du Tarn, le musée Toulouse-Lautrec fut inauguré le 30 juillet 1922 par le Ministre de l'Instruction publique et des beaux-arts, Léon Bérard.

Le musée d'Albi n'aurait jamais vu le jour sans l'acharnement de Joyant, qui avait pourtant essuyé dès 1901 un refus du musée du Luxembourg auquel il avait proposé une collection de lithographies et de peintures issues de l'atelier d'Henri. Léonce Bénédite, conservateur, mais surtout Dujardin-Beaumetz et Léon Bonnat – pourtant son professeur – sous-Secrétaires d'Etat aux Beaux-Arts, avaient refusé avec obstination l'entrée d'œuvres de Lautrec dans les collections nationales. En 1905 Joyant connut un nouvel échec : le Portrait de M. Delaporte *est refusé par le Conseil supérieur des musées, bien qu'ayant été agréé par le Comité consultatif des conservateurs...*

Il faudra attendre l'exposition de décembre 1907, dans les salons de La Dépêche *à Toulouse, pour que la région commence à reconnaître les mérites de son enfant. C'est alors que Tapié de Céleyran donna l'idée à Joyant de créer une section Toulouse-Lautrec au musée d'Albi. Les deux hommes réussirent à convaincre Edouard Andrieu, sénateur-*

maire, qui accepta. Après la guerre, le projet allait prendre corps pour donner naissance à l'un des plus beaux musées de province de France, avec près de 600 pièces de Lautrec dont 215 peintures qui forment un ensemble unique au monde.

C'est à Maurice Joyant que le comte Alphonse adresse, le 22 octobre 1901, une lettre bouleversante qui fait de lui en quelque sorte l'exécuteur testamentaire et le légataire de l'œuvre de son fils.

Lettre du comte Alphonse de Toulouse-Lautrec à Maurice Joyant

Je ne fais pas le généreux en vous passant tous mes droits paternels, s'il y en a comme héritier de ce qu'a pu produire notre disparu : votre amitié fraternelle s'était substituée si doucement à ma molle influence que je serai logique en vous constituant ce rôle charitable, si vous le voulez bien, pour la seule satisfaction de votre cœur tout bon pour votre camarade de collège; donc, je ne songe pas à me convertir et à porter aux nues, lui mort, ce que vivant, je ne pouvais comprendre, sinon comme études de carton d'atelier hardies, osées.

Alphonse de T.-L.

La collection de peintures, de dessins et d'affiches de Toulouse-Lautrec, pour la plupart issue du fonds d'atelier offert à la ville d'Albi par la comtesse Adèle, vint enrichir un petit musée de province essentiellement dédié à l'archéologie régionale. Joyant, Tapié de Céleyran et d'autres relations de Lautrec tel Romain Coolus complétèrent la donation de sa mère.

Fragment de l'allocution prononcée par Maurice Joyant lors de l'inauguration du musée d'Albi le 30 juillet 1922

[...] Et dans un cycle toujours recommencé, Lautrec peindra des portraits, n'admettant le paysage que comme un accessoire de la figure. Certes, il n'eut souvent désiré que peindre grandes dames, duchesses, artistes en renom – mais, dès l'abord, un malentendu irréparable naissait, fait, d'un côté, de la peur de n'être pas assez flattées, de l'autre, de l'appréhension de l'homme qui craint d'être regardé comme une curiosité. Et le peintre, alors, retournait à des accueils populaires plus faciles. Il faisait le portrait parce que, après avoir tourné autour pendant des mois, le modèle guigné lui plaisait et cela sans aucune pensée de lucre. Je ne dis pas que les portraits représentent une des bases les plus solides de l'œuvre qui se complète par toute l'interprétation de la vie qui de 1882 à 1901 tourbillonne, s'agite, dans les hôpitaux, les courses, les vélodromes, les cirques, les cafés-concerts, les bals de Montmartre, les théâtres, les endroits où le nu se meut librement, non le nu d'atelier conventionnel. Et c'est ainsi qu'on arrive à une énorme production de près de 400 lithographies originales, d'affiches célèbres, de plusieurs milliers de croquis,

La fortune critique

On trouvera ci-après un bref choix de textes qui ont marqué la connaissance ou l'interprétation de l'œuvre d'Henri, deux d'entre eux à l'occasion de la première rétrospective du peintre en 1893 à la galerie Goupil, le troisième qui servit de préface à l'ouvrage de la série «Tout l'œuvre peint», où l'historien d'art Bruno Foucart relève avec talent l'extraordinaire richesse de son art aux multiples facettes.

Roger Marx applaudit en Lautrec «le dédain du banal»

Le journaliste et critique Roger Marx (1859-1913), originaire de Nancy a joué un grand rôle dans la critique d'art pour ses articles dans de très nombreux journaux. Ami de Lautrec, il l'avait mis en rapport avec René Wiener pour la réalisation de deux reliures en cuir. Fondateur avec André Marty de L'Estampe Originale *qui eut de grandes répercussions sur le renouveau de la lithographie, il joua également un grand rôle dans la renaissance des arts décoratifs à la fin du siècle.*

Sur l'Exposition d'ouvrages récents de M. de Toulouse-Lautrec et de M. Charles Maurin, Galerie Goupil, 19, boulevard Montmartre à Paris.

De longtemps artiste aussi doué que M. de Toulouse-Lautrec ne s'est rencontré, et peut-être son autorité vient-elle de l'accord de ses facultés: j'entends l'accord de la pénétration d'analyse avec l'acuité des moyens d'expression. Par son observation cruelle, implacable, il se rapproche des Huysmans, des Becque et de tous ceux qui afficheraient sur la physionomie extérieure, sur le masque, l'intimité du tempérament, de l'être. Si les procédés de notation ont pu rappeler, à la période des débuts, Forain, Degas, M. de Toulouse-Lautrec s'est vite affranchi de la tutelle des admirations pour développer sa propre individualité, pour devenir complètement, intégralement, lui-même.

Il n'est pas sans curiosité de remarquer, à l'Exposition présente, de quelle fidélité de point de vue, d'angle visuel M. de Toulouse-Lautrec a témoigné; certes, le progrès a été constant; sans arrêt, parallèlement se sont développés, amplifiés les dons natifs; les dons du penseur, du satiriste et les dons du dessinateur, du peintre parvenant à une consignation de formes, de couleurs toujours plus saisissantes; mais, tout de même les ouvrages de 1887-1888 (ce portrait de dame, le promenoir) contiennent bien en germe la création d'aujourd'hui (les femmes qui dansent, attablées) [...]

Au résumé, Toulouse-Lautrec et Charles Maurin ne relèvent d'aucune école; ils n'appartiennent à aucune chapelle.

La souveraine indépendance de leurs talents, différents à l'extrême, un amour inné, profond, pour le dessin, sont les seuls points communs qui expliquent comment un instant leurs noms et leurs œuvres ont pu se trouver réunis.

Si peu que doive durer cette Exposition, elle n'en laissera pas moins à l'esprit, en ce temps de redites, de pastiches, le réconfortant exemple de deux talents, dédaigneux du banal, autant que du déjà vu, de deux fières personnalités dont la maîtrise librement s'atteste, définitivement s'impose.

Roger Marx, *Le Rapide*, 13 fév. 1893

«Une leçon de clinique morale»

Journaliste et romancier, Gustave Geffroy fit ses débuts dans le journal de Clémenceau La Justice. *Ses articles ont été réunis dans les huit volumes de* La Vie Artistique. *Spécialiste de · l'impressionnisme, Sisley et Monet particulièrement, il s'intéresse aussi à la nouvelle génération d'artistes, dont Toulouse-Lautrec qu'il remarque dès 1893.*

Exposition Toulouse-Lautrec, boulevard Montmartre.

Toulouse-Lautrec se présente avec un goût complètement affirmé et une

manière d'art assimilée qu'il développera logiquement selon la force secrète qui est en lui. On aura un renseignement certain sur sa faculté d'exprimer les «paysages d'êtres» et d'assembler les colorations, lorsqu'on s'arrêtera à ce fait qu'il a conçu et exécuté de la meilleure manière quelques affiches; Bruant, la Goulue et plus récemment le Divan Japonais ont pris possession de la rue avec une autorité irrésistible. Il est impossible de ne pas voir l'ampleur des lignes et le sens artistique des belles taches.

Avec une couleur différente, parfois sourde et somptueuse, parfois boueuse, presque sale, suivant les cas, Lautrec, peintre et pastelliste, se montre aussi expert à exprimer le surgissement d'un individu, l'apparition spontanée d'une attitude ou d'un mouvement, l'allée et venue d'une femme en marche, le tournoiement d'une valseuse. Chaque fois, il y a de l'inattendu dans la manière d'être qu'il nous montre. Ce n'est pas la pose, comme déjà vue et reproduite à tant d'exemplaires, et pourtant c'est une pose naturelle, une des infinies poses naturelles que l'œil fin d'un artiste a su discerner entre toutes les autres, ériger comme un résumé d'existence physiologique et sociale. Il y a un côté traditionnel dans cet art, et les maîtres qui en ont été les initiateurs et les représentants successifs pourraient être nommés. [...]

Il y a de la gouaillerie, de la cruauté avec complaisance chez Lautrec, lorsqu'il donne à visiter les bals, les intérieurs de filles, les ménages hors nature. Mais il reste artiste intègre, son observation impitoyable garde la beauté de la vie, et la philosophie du vice qu'il affiche parfois avec ostentation provocante prend tout de même, par la force de son dessin, par le sérieux de son diagnostic, la valeur de démonstration d'une leçon

BIBLIOGRAPHIE

Témoignages
- Coquiot, Gustave, *Toulouse-Lautrec*, Blaizot, Paris, 1913.
- Gauzi, François, *Lautrec et son temps*, David Perret, Paris, 1954.
- Guilbert, Yvette, *La Chanson de ma vie*, 1927.
- Joyant, Maurice, *Henri de Toulouse-Lautrec*, 2 vol., Paris 1926-1927.
- Leclercq, Paul, *Autour de Toulouse-Lautrec*, Paris 1920.
- Natanson, Thaddée, *Un Henri de Toulouse-Lautrec*, Genève, 1952.
- Tapié de Céleyran, Mary, *Notre oncle Lautrec*, Cailler, édit. Genève, 1953.

Etudes
- Beauté, Georges, *Il y a cent ans, Henri de Toulouse-Lautrec*, Genève, 1964.
- Beauté, Georges, *Toulouse-Lautrec vu pas les photographes*, Lausanne, 1982.
- Delteil, Loys, *Catalogue lithographies affiches*, Paris 1920.
- Dortu, M. G., *Toulouse-Lautrec et son œuvre*, catalogue raisonné, 6 vol., New York, 1971.

- Huisman, Philippe et Dortu, Geneviève, *Lautrec par Lautrec*, Edita, Lausanne, 1964.
- Jourdain, Francis et Adhémar, Jean, *T.-Lautrec*, Editions du Temps, Paris, 1987.
- Marx, Claude-Roger, *Lithographies en couleurs de Toulouse-Lautrec*, Paris, 1948.
- Rodat, Charles de, *Toulouse-Lautrec, album de famille*, Hatier, Fribourg, 1985.
- Sugana, G. M., *Tout l'œuvre peint de Toulouse-Lautrec*, Flammarion, Paris, 1986.
- Wittrock, Wolfgang, *Toulouse-Lautrec, The Complete Prints*, 2 vol., Londres, 1985.

Ouvrages récents
- Adriani, Götz, *Toulouse-Lautrec*, Flammarion, Paris, 1991.
- Julien, Edouard, *Toulouse-Lautrec*, Les maîtres de la peinture, Flammarion, Paris, 1991.
- Néret, Gilles, *Toulouse-Lautrec*, Nathan, Paris, 1991.
- *Le Temps Toulouse-Lautrec*, Textuel-Réunion des Musées Nationaux, Paris, 1991.
- Catalogue de l'exposition «Toulouse-Lautrec», Londres, Paris 1991-1992, R.M.N.

TABLE DES ILLUSTRATIONS

cm. Bibl. nat., Paris.
107 *Mademoiselle Marcelle Lender debout*, 1895, lithographie, 35,5 x 25 cm. *Idem.*

CHAPITRE V

108 *Nuit blanche*, 1893, lithographie, 25,3 x 17 cm. *Idem.*
109 Portrait de Toulouse-Lautrec, photographie, s. d.
110 h *Invitation à une tasse de lait*, 1897, lithographie, 38 x 25 cm. Bibl. nat., Paris.
110/111 *Invitation à une tasse de lait* (détail), *idem.*
111 Edouard Vuillard, *Portrait de Toulouse-Lautrec à Villeneuve-sur-Yonne*, 1898, peinture sur carton. Musée T.-L., Albi.
112 *En Cabinet particulier – Au Rat Mort*, 1899, h./t., 55,1 x 46 cm. Courtauld Institute Galleries, Londres.
113 h *Mon Gardien*, 1899, peinture sur bois, 43 x 36 cm. Musée T.-L.
113 b *Au Cirque : Chocolat*, 1889, craies noire et de couleur avec des touches de gouache. Sterling and Francine Clark Art Institute, Williamstown.
114 *Au Cirque – Cheval et singe dressés*, 1899, craie noire, crayons de couleur et graphite, 44 x 26,7 cm. Coll. part.
115 *Au Cirque – clownesse (le salut)*, 1899, craies, graphite, crayons de couleur sur papier, 35,6 x 25,4 cm. Bequest of Frances L.

Meyer, Foss Art Museum, Harvard University Art Museums, Cambridge.
116 *Au Cirque – Danseuse de corde*, chromolithographie d'après le dessin de Toulouse-Lautrec in *Le Cirque*, Ed. Manzi, Joyant et Cie, 1905. Bibl. nat., Paris.
117 *Au Cirque – Entrée de piste, idem.*
118 hg *L'Anglaise du «Star» au Havre*, 1899, huile sur bois, 41 x 32,8 cm. Musée T.-L.
118 hd *L'Anglaise du «Star» au Havre*, 1899, sanguine avec rehauts de craie blanche, 62 x 47 cm. *Idem.*
118 b Toulouse-Lautrec en barque avec son ami Viaud, photographie, v. 1899. *Idem.*
119 *L'Amiral Viaud*, 1901, huile et crayon bleu sur toile, 139 x 153 cm. Museu de Arte de São Paulo.
120 g *L'Automobiliste* 1898, lithographie, 37,5 x 26,8 cm. Bibl. nat., Paris.
120 d *Jane Avril*, 1899, lithographie, 56 x 36 cm. *Idem.*
121 *Le Jockey*, 1899, lithographie, 52 x 37 cm. Coll. part., Paris.
122 h Toulouse-Lautrec et Maurice Joyant en barque, photographie, v. 1899. Musée T.-L.
122 b *M. Maurice Joyant en baie de Somme*, 1900, huile sur bois, 116,5 x 81 cm. *Idem.*
123 g *La Modiste*, 1900, huile sur bois, 61 x 49,3 cm. *Idem.*

123 d *La Modiste*, 1893, croquis. Bibl. nat., Paris.
124 g Toulouse-Lautrec et sa mère dans le jardin de Malromé, 1897, photographie. *Idem.*
124 d *Mlle Cocyte dans «La Belle Hélène»*, 1900, dessin. Coll. part.
125 g *Messaline descend l'escalier bordé de figurants*, 1900-1901, h./t., 100 x 73 cm. Los Angeles County Museum of Art, Mr. and Mrs. George Gard de Sylva Coll.
125 d *Le Violoniste Dancla*, 1900, dessin. Coll. part.
126/127 *Un examen à la faculté de médecine*, 1901, h./t., 65 x 81 cm. Musée T.-L.
128 *La Roue*, 1893, craie noire et gouache sur carton, 63 x 47,5 cm. Museu de Arte de São Paulo.

TÉMOIGNAGES ET DOCUMENTS

129 Toulouse-Lautrec à l'atelier de la place Vintimille, photographie, 1890. Coll. Sirot/Angel, Paris.
130g Toulouse-Lautrec passant l'épreuve du baccalauréat, illustration d'une lettre autographe à Etienne Devismes, 1881. Coll. part.
130d La comtesse R.C. de Toulouse-Lautrec, photographie. Musée T.-L.
131 La comtesse Adèle, mère de l'artiste, photographie. *Idem.*
133 «Prophète !!! Prophète !!!» : Princeteau et Toulouse-

Lautrec peignant, illustration d'une lettre autographe à l'oncle Charles. Collection particulière; Maison natale de Toulouse-Lautrec, Albi.
134 *Cocotte : Tout un concert de rats*, 1881, deux dessins. Collection particulière; Maison natale de Toulouse-Lautrec, Albi.
135 *Portrait de Charles de Toulouse-Lautrec lisant «Le Figaro»*, 1882, dessin. Coll.part.
136 Portrait de Cormon, le 1er maître de Toulouse-Lautrec, photographie Coll. Sirot/Angel.
137 Croquis préparatoire pour *Le Jeune Routy.*, 1882, fusain sur papier, 61 x 47 cm. Musée T.-L.
140 Toulouse-Lautrec et ses amis, parmi lesquels son cousin Louis Pascal, photographie. *Idem.*
141 *Madame Pascal au piano*, 1895, huile sur carton, 71,2 x 54,5 cm. *Idem.*
142 Esquisse pour l'affiche *Moulin Rouge-La Goulue et Valentin le Désossé*, 1891, fusain avec rehauts de couleurs, 154 x 118 cm. *Idem.*
143 *Au Moulin Rouge-Portrait de M. Warner*, étude pour la lithographie *L'Anglais au Moulin-Rouge*, 1892, huile sur carton, 57,3 x 45,3 cm. *Idem.*
144 *Yvette Guilbert*, illustration pour un texte de Gustave Geffroy in *Le Figaro illustré*, n°40, 1893.

INDEX

CRÉDITS PHOTOGRAPHIQUES

REMERCIEMENTS

Claire et José Frèches remercient particulièrement Anne Roquebert et Richard Thomson, commissaires de l'exposition «Toulouse-Lautrec» (Londres, Paris, 1991-1992) dont les recherches et les conseils ont facilité la rédaction de cet ouvrage.
Les éditions Gallimard adressent leurs remerciements à monsieur Jean-Alain Méric, ainsi qu'à madame Anne-Françoise Bonardel et monsieur Claude Bourret de la Bibliothèque nationale.

COLLABORATEURS EXTÉRIEURS

Any-Claude Médioni a mené la recherche iconographique de cet ouvrage. Vincent Lever en a réalisé la maquette des Témoignages et Documents. Odile Zimmermann a assuré le suivi rédactionnel.

Table des matières